Petra Köppel

Kulturerfassungsansätze und ihre Integration in interkulturelle Trainings

Fokus Kultur
Trierer Beiträge zur gegenwartsbezogenen Ethnologie
herausgegeben von Michael Schönhuth und Christoph Antweiler
Universität Trier, FB IV - Ethnologie
Band 2

In der Reihe Fokus Kultur erscheinen Abschlussarbeiten mit interdisziplinärem Zugang. Im Zentrum stehen Gegenwartsthemen und Praxisbezug an der Schnittstelle von Ethnologie und anderen Wissenschaften.

Auskünfte erhalten Sie unter folgender Adresse:
Universität Trier
FB IV - Ethnologie
54286 Trier
Tel. (06 51) 2 01 - 27 10
Fax (06 51) 2 01 - 39 33
E-mail: antweile@uni-trier.de
Internet: www.uni-trier.de/fb4/ethno

Petra Köppel

Kulturerfassungsansätze und ihre Integration in interkulturelle Trainings

Fokus Kultur

Petra Köppel:
Kulturerfassungsansätze und ihre Integration in interkulturelle Trainings /
Petra Köppel
Trier: Fokus Kultur, 2002
(Reihe Fokus Kultur, Bd. 2)
Zugl.: Trier, Universität, Diplomarbeit 2001
ISBN: 3-8311-4385-4

c/o Universität Trier, FB IV - Ethnologie, 54286 Trier,
Umschlag: Nicole Gehlen
Druck, Lithos, Bindung: BOD™ - Books on Demand GmbH, Norderstedt

INHALT

Abkürzungsverzeichnis

KEA	Kulturerfassungsansatz, Kulturerfassungsansätze
NGO	Non Government Organization

ABBILDUNGSVERZEICHNIS

Vorwort

Ethnologie bzw. Kulturanthropologie basiert auf intensiven Lokalstudien einerseits und einer vergleichenden Perspektive andererseits. Im Fach dominiert seit jeher die Untersuchung einzelner Fragen und einzelner Kulturen. Aber schon bei Einzelfallstudien spielt eine komparative Sicht zwangsläufig herein, nämlich der zumindest implizit vorhandene Vergleich mit der eigenen Kultur. In der Ethnologie gibt es aber auch eine lange, wenn auch kleine Tradition des systematischen Vergleichs mehrerer bis sehr vieler Kulturen (*cultural comparison, cross-cultural comparison, intercultural comparison*). Kulturvergleich ist nicht ohne Probleme, wenn es zum Beispiel gilt, Maßstäbe zu finden und harte Daten zu ermitteln. Auch in anderen Fächern gibt es komparative Ansätze oder sogar ganze Teildisziplinen, so etwa in der Psychologie, der Religionswissenschaft, der Pädagogik, der Rechtswissenschaft und der Literaturwissenschaft. Mit wenigen Ausnahmen blieben diese Untersuchungen bisher akademisch orientiert.

Seit einigen Jahren ist jedoch ein Trend zu mehr Anwendungsorientierung zu erkennen. Mittels verschiedener Verfahren wird nun versucht, die Lebensweise von Personen und Kollektiven bis hin zu Makroeinheiten wie ganzen Nationen, systematisch und breitflächig zu erfassen. Ziel ist es dabei etwa, in einer Organisation oder einem Unternehmen die Kultur von Mitarbeitern, Kunden oder Partnern zu eruieren, um z.B. Konflikte vorherzusehen und zu Handlungsempfehlungen zu kommen. Oder es werden im Rahmen des *diversity management* Grunddaten über das Spektrum der Mitarbeiter gewonnen, um die vorhandene kulturelle Vielfalt effizienter nutzen zu können.

Die Theorien und Methoden wurden von Köppel unter dem Terminus „Kulturerfassungsansätze“ zusammengefasst. In der Anlage durchaus verschieden, gleichen sie sich in der Bemühung, Kultur mit Hilfe bestimmter Kriterien und nach bestimmten Dimensionen zu ermitteln und darzustellen. Köppel untersucht zum einen die Annahmen und Einzelverfahren einer breiten Palette von Kulturerfassungsverfahren. Zum zweiten fragt sie empirisch nach der tatsächlichen Nutzung, vor allem in interkulturellen Trainings.

Dabei fällt auf, dass die heutige Diskussion und auch die praktische Umsetzung von sehr wenigen Ansätzen dominiert wird. Vor allem Hofstedes schon 1980 vorgestelltes Kulturdimensionenmodell erfreut sich wegen seiner Einfachheit nach wie vor großer Beliebtheit in der betrieblichen Weiterbildung. Gleichzeitig wurden und werden andere Kulturerfassungsansätze kaum wahrgenommen. In der Konsequenz unterbleibt eine kritische Diskussion. Die wäre aber wichtig, weil ansonsten die reduktionistischen und auf Nationalcharaktere vereinfachenden Ansätze Hofstedescher Provenienz nicht weiterentwickelt werden können. Die Praxis sollte die Alternativen wahrnehmen und nutzen. Dazu hat Köppel die Themenstellung sinnvoll auf publizierte und tatsächlich benutzte Ansätze eingegrenzt. Die Dominanz und die gleichzeitigen Schwächen des Kulturerfassungsansatzes von Hofstede werden in dieser Untersuchung nicht nur benannt, sondern detailliert analysiert. Stärken und Schwächen verschiedener Methoden werden einander gegenüber gestellt.

Die Vielfalt der Ansätze wird in den Hauptkapiteln 5 und 6 nach deren grundsätzlicher Zugangsweise geordnet: in etische, die Kultur von außen betrachten, und emische, die die Perspektive der Betroffenen zum Ausgangspunkt nehmen. Kapitel 7 („Ableitung der Hypothesen") und 8 („Empirischer Teil") nutzen die gewonnen Kriterien für eine empirische Untersuchung, die vor allem auf leitfadengestützten Experteninterviews basiert. Durch diese Untersuchung wird die systematische Darstellung um wichtige Einsichten erweitert, z.B. die, dass der Erfolg mancher Ansätze in der Wirtschaft eher durch bestimmte eingängige Darstellungsformen bedingt als in inhaltlichen Stärken begründet ist.

Köppels Studie leistet wichtige theoretische und empirische Vorarbeit, um bei der Diskussion der Kulturerfassungsansätze zu einer klareren Unterscheidung zwischen Innensicht (emic) und Außensicht (etic) zu kommen. Die differenzierte Analyse ermöglicht Hinweise für bessere Kulturerfassungsmethoden. Den Nutzern und Auftraggebern von Trainings kann die Arbeit als „*eye-opener*" dienen, ihre Ansprüche nicht auf leicht eingängige aber eher praxisferne Modelle zu beschränken. Den Vermittlern kann sie eine Fundgrube sein, ihre Theoriebasis zu erweitern und ihr Instrumentarium an der differenzierten Breite der vorhandenen Ansätze zu schärfen.

Trier, im August 2002

Michael Schönhuth und Christoph Antweiler

1. Einleitung

1.1 Entstehung des Themas

Im Frühjahr 1997 absolvierte ich in einer kleinen Münchener Unternehmensberatung ein Praktikum, bei dem meine Aufgabe darin bestand, für eine Kundenfirma, die gerade mit einer ausländischen Unternehmung fusioniert hatte, Konzepte für die Zusammenarbeit und Maßnahmen für die Personalentwicklung zu erstellen. Schwerpunkt war die Ausarbeitung möglichst konkreter Handlungsempfehlungen im täglichen Umgang mit ausländischen Mitarbeitern[1].

Im Verlauf dieser Arbeit stieß ich sowohl in Fach- und Wissenschaftsliteratur als auch in bereits kursierenden Managementanleitungen auf immer wieder ein und denselben Autor: Geert Hofstede. Er schien die einzig verwertbaren Ansätze zu diesem Thema geliefert zu haben, denn es gab nicht den kleinsten Verweis auf andere Konzepte. Damals kam mir dies äußerst gelegen: Es war denkbar einfach, die vier möglichen Kulturdimensionen zu erläutern, die Länder damit zu messen, einzuteilen und eingängige Tipps für Manager abzuleiten. Doch ich begann auch zu fragen, ob es tatsächlich so unproblematisch ist: Kann man Kulturen auf derart simple Art und Weise erfassen und jegliches Verhalten davon ableiten? Ist Kultur nicht viel zu komplex, und sind ihre Ausprägungen im Verhalten nicht auch durch viele andere Faktoren beeinflusst? Und vor allem: Beschäftigte sich kein anderer Wissen-

[1] Sollte ich in dieser Arbeit von 'Mitarbeitern', 'Wissenschaftlern', 'Experten', etc. sprechen, beziehe ich mich immer auf Personen beiderlei Geschlechts.

schaftler mit diesem im Zuge der Globalisierung immer wichtiger werdenden Thema der Interkulturalität?

Zurück an der Universität setzte ich mich mehr von der wissenschaftlichen Seite her mit interkultureller Kommunikation auseinander. In betriebswirtschaftlichen Veranstaltungen stieß ich auf einen alten Bekannten: Hofstede. Doch in den meisten Fällen wurde die Kulturbedingtheit von Management nicht erkannt - es galt der Glaube, früher oder später setze sich die westliche Kultur weltweit durch. Die ersten kritischen Stimmen hörte ich aus der Kulturanthropologie. Dies zog meine Aufmerksamkeit auf sich, und ich befasste mich im Zuge meiner Diplomprüfungsvorbereitungen intensiv mit dem Phänomen 'Organisationskultur' aus ethnologischer Sicht. Darüber kam ich wieder zurück auf das ursprüngliche Thema: Wie beeinflusst Kultur das Verhalten von Menschen, speziell von Mitarbeitern in Organisationen? Welche Methoden gibt es, diesen Einfluss zu erfassen? Wie kann man die Erkenntnisse daraus sinnvoll an die Betroffenen, d.h. an die Mitarbeiter, die im Kontakt mit anderskulturellen Personen stehen, weitergeben? Ich beschloss, diesen Fragen im Rahmen meiner Diplomarbeit nachzugehen. In einem tiefergehenden Literaturstudium erarbeitete ich folgenden Titel: „Kulturerfassungsansätze und ihre Integration in interkulturelle Trainings". Was dahintersteht, erfahren Sie im nächsten Kapitel.

1.2 Problemstellung

Laut Cray / Mallory (1998) hat Hofstedes Ansatz das Forschungsfeld begrenzt, da er als Standard gilt und seit 20 Jahren unangefochten die interkulturelle Praxis und Wissenschaft bestimmt. Mein Hauptanliegen war nun, auf die Vielzahl anderer wissenschaftlicher Konzepte hinzuweisen, die Kultur erfassen zu glauben, und sie kritisch hinsichtlich ihrer theoretischen Konzeption und ihrer Relevanz für die praktische Anwendung (in Form von interkulturellen Trainings) zu durchleuchten. Hierfür erarbeitete ich eine systematische Zusammenstellung bereits vorhandener (aber z.T. in Vergessenheit geratener oder noch nicht verbreiteter) Ansätze. Dadurch soll gezeigt werden, dass es bei weitem mehr als eine Methode gibt, Kultur begreifbar zu machen. Es soll ein Ansporn gegeben werden, die bisherigen Ansätze weiter zu entwickeln bzw. neue Wege zu finden, andere Kulturen erschließen zu können. Eine Hilfe könnte dabei evtl. die interpretative anstatt der traditionellen, eher 'messenden' Erfassung sein. Weitere Hinweise, in welche Richtung die Forschung sich entwickeln könnte, vermögen die Entwickler interkultureller Trainings zu geben: Was versprechen sie sich als besonders geeignet, um Kulturen für Trainingsteilnehmer begreifbar zu machen? Ein spezielles Augenmerk wird dort natürlich auf Anwendbarkeit und Praxistauglichkeit gelegt. Daran hapert es bei einigen der bisherigen Konzepte, und so werden allzu oft Handlungsempfehlungen für den Umgang mit anderen Kulturen erstellt, die zu oberflächlich bleiben. Anstatt interkulturelle Kompetenz aufzubauen, mit der erfolgreich der Kontakt mit anderskulturellen Personen gestaltet werden kann, bewirken diese wohlgemeinten Ratschläge im Anwendungsfall eher unangebrachtes Verhalten und führen zu Unverständnis und Distanzierung.

Interkulturelle Kontakte finden heutzutage zum großen Teil im Arbeitsleben statt, wenn im Zuge der Globalisierung a) Organisationen ihre Tätigkeit weltweit ausweiten und in einer Vielzahl von Ländern operieren und b) sich die jeweilige Belegschaft aus den verschiedensten Nationalitäten zusammensetzt. Für Ausländer und Inländer, die zusammenarbeiten und miteinander zurecht kommen müssen, ist es gleichermaßen wichtig zu erlernen, wie der andere denkt, auf was er Wert legt und welche Verhaltensweisen er an den Tag legt. Einflüsse darauf, wie man arbeitet, sind jedoch nicht nur ethnischer Art, sondern entstammen häufig der jeweiligen Organisationskultur. Somit soll diese Studie beide Faktoren ansprechen, um die Thematik 'interkulturelle Zusammenarbeit' von mehreren Blickwinkeln und möglichst umfassend zu beleuchten. Zu einer umfassenden Betrachtung gehört natürlich auch der Einbezug der verschiedenen betroffenen wissenschaftlichen Disziplinen, wie der Ethnologie, der Psychologie, der Soziologie, der interkulturellen Kommunikation, der Betriebswirtschaftslehre u.a. In diesem Sinne verstehe ich die vorliegende Arbeit als interdisziplinär. Doch vor allem möchte ich auch ethnologische Konzepte einbringen, da diese bisher noch am wenigsten verbreitet sind. Dies mag daran liegen, dass das Thema der interkulturellen Kommunikation nicht in das klassische Feld der Ethnologie fällt, die sich nach wie vor wenig mit Kulturen von Großgesellschaften und Industrienationen befasst. Jedoch sind m.E. viele der in kleineren Lebenswelten gewonnenen Erkenntnisse tauglich und wertvoll zur Beschreibung von Phänomenen in Kulturen größerer Dimensionen.

1.3 Inhaltlicher Überblick

Dieser kleinen Einleitung folgt die Darstellung der Grundlagen: Zum einen ist es nötig, die Begrifflichkeiten, auf welche diese Arbeit baut, zu definieren (Kapitel 2.1) und zu operationalisieren (Kapitel 2.2). Zum anderen möchte ich auf die zwei wichtigsten wissenschaftstheoretischen Standpunkte innerhalb des Forschungsgebiets hinweisen, da sie im späteren Verlauf dieser Studie relevant werden (Kapitel 2.3). Und schließlich gilt es den Zusammenhang von Kultur und Organisation zu erläutern (Kapitel 2.4).

Das dritte Kapitel beschäftigt sich mit den einzelnen kulturellen Variablen, von denen das Verhalten in den Mittelpunkt rückt, weil durch dieses kulturelle Unterschiede erst offensichtlich werden (materielle Artefakte einmal ausgenommen). In Kapitel 3.1 komme ich auf einige Modelle zu sprechen, die den Zusammenhang von Kultur und Verhalten als auch die Faktoren interkulturellen Verhaltens darstellen. Zu welchen Problemen ein verschiedenkultureller Hintergrund zweier Akteure führen kann, wird in Kapitel 3.2 erklärt, was daran interkulturelle Trainings ändern können in Kapitel 3.3, und wie sie das bewerkstelligen in Kapitel 3.4.

In Kapitel 4.1 werden Kulturerfassungsansätze (KEA) eingeführt. Ihre im Rahmen dieser Arbeit wichtigste Funktion - die Konzeption interkultureller Trainings - wird in Kapitel 4.2 besprochen. Anschließend wird darauf eingegangen, auf welche Art und Weise KEA in interkulturelle Trainings integriert werden können (Kapitel 4.3).

Welche KEA es gibt und in welche Gruppen sie eingeteilt werden können, gibt ausführlich Kapitel 5 wieder. Dabei werden die Inhalte, die Ziele, die Stärken und Schwächen eines jeden KEA dargestellt, sei er etischer oder emischer Art, sei er Landes- oder Organisationskultur zuzuordnen.

Im sechsten Kapitel werden die zwei Hauptgruppen von KEA intensiv diskutiert, um ihre jeweiligen Vor- und Nachteile aufzuweisen.

Aus den theoretischen Kenntnissen über KEA und ihre Praxistauglichkeit werden die Hypothesen und Explorationsfragen abgeleitet (Kapitel 7), die es im empirischen Teil (Kapitel 8) zu bearbeiten gilt. In Kapitel 8.1 wird die Vorbereitung der empirischen Methoden der Datenerhebung vorgestellt, im darauffolgenden Kapitel 8.2 ihre Anwendung. Kapitel 8.3 beschäftigt sich mit der Analyse und Interpretation der durch die Interviews gewonnenen Daten. Auf Vor- und Nachteile der angewandten Methoden kommt Kapitel 8.4 zu sprechen, bevor sich Kapitel 8.5 der Darstellung und Auswertung der Ergebnisse widmet.

In Kapitel 9 soll schließlich ein kurzes Resümee gezogen und relevante Aspekte für zukünftige Forschung dargelegt werden.

2. GRUNDLAGEN

2.1 Definitionen

2.1.1 Kultur

Den allgemeinen Teilen dieser Arbeit liegt folgende Definition zugrunde, die ich von Thomas / Hagemann (1996: 174f) übernommen habe:[2] *„Kultur wird hier definiert als ein universelles, für eine Gesellschaft, Nation, Organisation und Gruppe aber typisches Orientierungssystem. Dieses Orientierungssystem wird aus spezifischen Symbolen gebildet (z.B. Sprache, bedeutungshaltige Zeichen, typische Verhaltensweisen) und in der jeweiligen Gesellschaft, Organisation, Gruppe usw. tradiert. Es beeinflusst das Wahrnehmen, Denken, Werten und Handeln aller Mitglieder und definiert somit deren Zugehörigkeit zur Gesellschaft. Das Orientierungssystem ermöglicht den Mitgliedern der Gesellschaft ihre ganz eigene Umweltbewältigung, es erlaubt eine rasche Kommunikation, erleichtert die Orientierung in komplexen sozialen Feldern und fördert die reibungslose und effektive interpersonale Kooperation."* Oft wird in der interkulturellen Literatur auch diese Meinung vertreten: Kultur ist *„the collective programming of the mind which distinguishes the members of one category of people from another"* (Hofstede 1989: 391).

---

[2] Ich möchte ausdrücklich darauf hinweisen, dass diese Definition nicht für alle Teile dieser Diplomarbeit gilt: Die im fünften Kapitel präsentierten KEA bauen in vielen Fällen je nach Ansicht des jeweiligen Autors auf anderen Auffassungen von Kultur.

Ich möchte diesen eher symbolischen bzw. kognitiven Elementen ausdrücklich noch die Ebene der Artefakte hinzufügen, so dass sich im Gesamten folgende Merkmale von Kultur ergeben:

- Kultur beinhaltet als zentrales Merkmal verhaltensprägende Werte,
- Kultur ist erlernt und nicht ererbt,
- Kultur ist ein überindividuelles, kollektives soziales Phänomen,
- Kultur manifestiert sich in sichtbaren Artefakten,
- Kultur hat orientierende, sinngebende und identitätsstiftende Funktion.

Abb. 1: Kulturmerkmale (Stüdlein 1997: 25)

Kultur ist hierbei nicht nur eine statische Beschreibung einer Gruppe, sondern ein dynamisches soziales Konstrukt, das sich mit der Zeit durch die Interaktion ihrer Beteiligten verändert. *„This means [...] that culture can refer to both the very 'character' of a civilization, its characteristics, construction, contents, etc. and to the way in which the character of a civilization grows, develops, is refined and matures over time"* (Alvesson / Berg 1992: 76).

2.1.2 Abgrenzung der Begriffe 'intercultural - cross-cultural'

Verwirrung schafft oft die ungenaue Abgrenzung der Begriffe 'interkulturell' bzw. 'intercultural' auf der einen und 'cross-cultural'[3] auf der anderen Seite. Hart (1998) bietet für eine Unterscheidung folgende einleuchtende Klassifikation (vgl. Abb. 2): Ausgehend von monokulturellen Studien oder 'single culture studies', die sich auf die Beschreibung einer einzelnen Kultur konzentrieren, stellt er 'cross-cultural studies' als Vergleich zweier oder mehrerer voneinander unabhängigen Kulturen dar. Brislin meint hierzu: *„Cross-cultural research is the empirical study of members of various cultural [...] groups who have*

[3] Für 'cross-cultural' gibt es keine deutsche Übersetzung. Inhaltlich am nächsten stünde der Begriff 'kulturvergleichend'.

had significant and identifiable experiences leading to predictable, and theoretically important, similarities and differences in behavior" (1983: 368).

Interkulturelle Studien hingegen *„focus on the interaction [of] two or more cultures and answer the main question of what happens when two or more cultures interact (at the interpersonal level, group-level or international level)"* (Hart 1998).

Meist werden die Begriffe jedoch synonym gebraucht, d.h. 'cross-cultural' in englischsprachigen und 'interkulturell' in deutschsprachigen Texten.

Kurz erwähnen möchte ich noch die Bezeichnung 'multikulturell': Dabei *„geht es meist um kulturelle Unterschiede zwischen verschiedenen Ethnien innerhalb einer Gesellschaft oder Nation"* (Moosmüller 1993: 252; Hervorhebung im Original).

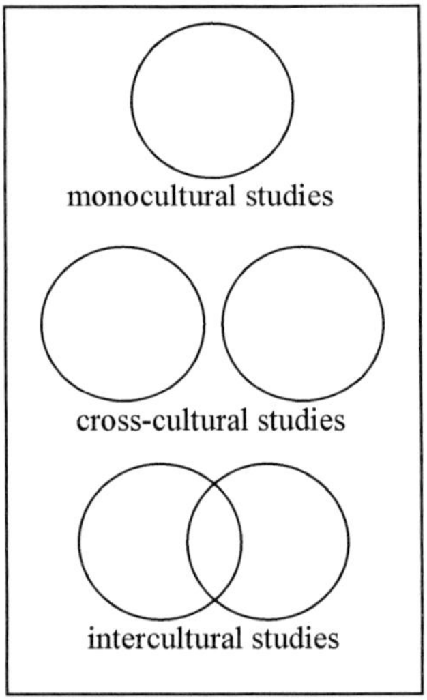

Abb. 2: Die Unterscheidung von monokulturellen, 'cross-cultural' und interkulturellen Studien (nach Hart 1998)

2.2 Kulturebenen[4]

2.2.1 Anthropologische Kulturebenen

Unter diesem Titel wird die weit verbreitete Einteilung in Kulturebenen von Schein (1985) erläutert, die hier inhaltlich leicht modifiziert wurden (vgl. Abb. 3).

[4] Die Aufteilung in 'anthropolgische' und 'institutionelle' Kulturebenen vollzog Keller (1982). In Ermangelung besser geeigneter Umschreibungen übernehme ich die Begriffe, obwohl ich v.a. den ersten für etwas unglücklich halte.

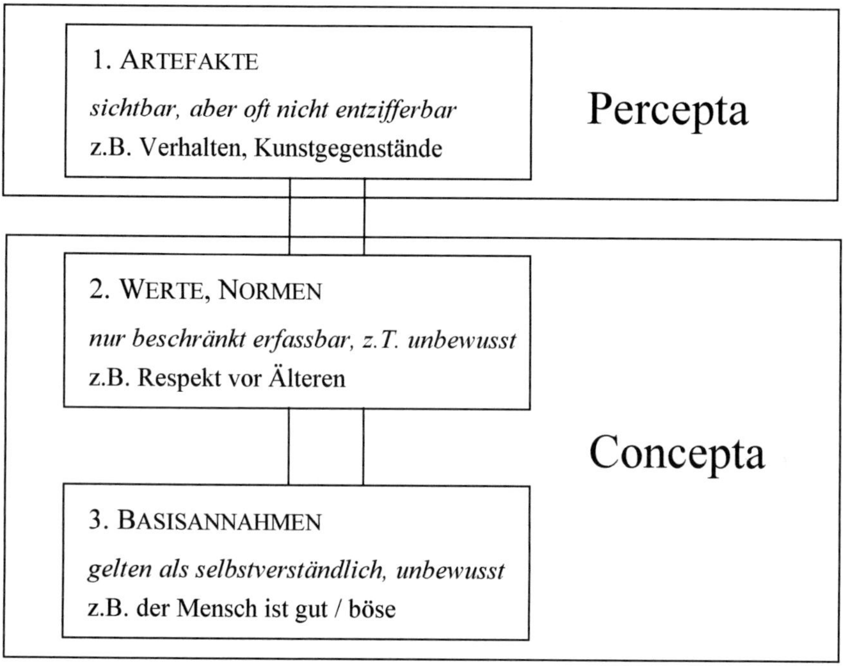

Abb. 3: Anthropologische Kulturebenen (in Anlehnung an Schein 1985)

Auf der tiefsten Ebene befinden sich die Basisannahmen: Diese *„stellen ein kollektives Unterbewusstsein der Mitglieder einer Kultur dar. Sie leiten die Wahrnehmung, das Denken und die Gefühle der Menschen und gestalten das implizite, für selbstverständlich erachtete Weltbild im weitesten Sinne. [...] Basale Annahmen bilden die Grundlage für Werte und Normen, indem sie diese formen bzw. sich in ihnen ausdrücken"* (Stüdlein 1997: 26). Diesen nahe steht der Begriff der 'Werteorientierung' von Kluckhohn / Strodtbeck: *„Value orientations are complex but definitely patterned (rank-ordered) principles, resulting from the transactional interplay of three analytically distinguishable elements of the evaluative process - the cognitive, the affective, and the directive elements - which give order and direction to the ever-flowing stream of human acts and thoughts"* (1961: 4). Basisannahmen oder Werteorientierungen sind unbewusst im Menschen verankert und können nur durch die äußeren Ebenen (Werte, Normen,

Artefakte) erschlossen werden. Schein vertritt die Auffassung, dass es in einer Kultur nur ein Set an Basisannahmen gibt (1995: 33), jedoch möchte ich mich eher Kluckhohn / Strodtbeck (1961) anschließen, die durchaus alternative Werteorientierungen innerhalb einer Kultur anerkennen, von denen meist eine dominiert. Kultur wird von ihren Mitgliedern nie vollständig vertreten, sondern immer in variablen und unterschiedlich starken Ausprägungen, die innerhalb von gewissen Bandbreiten ('Toleranzgrenzen') auftreten.

Die zweite Ebene bilden Werte und Normen, die durch die Basisannahmen geprägt sind, aber auch Einfluss auf die Basisannahmen ausüben können. „*Ein Wert ist eine Auffassung vom Wünschenswerten, die explizit oder implizit für einen einzelnen oder für eine Gruppe kennzeichnend ist und welche die Auswahl der zugänglichen Weisen, Mittel und Ziele des Handelns beeinflusst*" (Kluckhohn 1961: 395).[5] Werte können bewusst oder unbewusst sein und sind generelle, dauerhafte Überzeugungen über das, was richtig / falsch, normal / anomal, etc. ist, und welcher Zustand oder welche Handlung anzustreben ist.[6] Dabei gilt: „*Values do not ordinarily contain statements about how they are to be achieved*" (Beermann / Stengel 1996: 9).

„*Normen sind hingegen verbindliche Forderungen eines bestimmten Verhaltens in spezifischen Situationen. Während Werte den Charakter innerer Orientierungspunkte haben, haben Normen den Charakter sozialer Konventionen*" (Stüdlein 1997: 27). Sie regulieren unmittelbar

---

[5] Dass eine Gesellschaft als Ausdruck gemeinsamer Werte gesehen werden kann, wird v.a. in der Soziologie bestritten: Werte werden nie von allen Angehörigen geteilt und unterliegen einem ständigen Wandel, der geprägt ist von Spannungen und Konflikten (Touraine 1973). Zudem stellen sie in diesem Sinne keine Ursache für Verhalten dar, sondern sind ein Produkt sozialer Interaktion (Zavalloni 1980).

[6] Abzugrenzen vom 'Wert' ist die 'Einstellung': „*While an attitude represents several beliefs focused on a specific object or situation, a value is a single belief that transcendentally guides actions and judgements across specific objects and situations, and beyond immediate goals to more ultimate end-states of existence*" (Rokeach 1972: 160).

das soziale Verhalten in einer Gruppe; bei Nichtbeachtung erfolgen Sanktionen durch Mitangehörige.[7]

Oft wird das Kulturkonzept implizit mit dem Wertekonzept verbunden, und entsprechend dieser Auffassung wären die Werte die Essenz einer Kultur. Dies drückt sich in den vielen Wertestudien aus, die weltweit durchgeführt werden und mit denen man sich die wahre Erfassung von Kultur erhofft. Tieferliegende Konstrukte wie Basisannahmen werden vernachlässigt[8] oder ganz verleugnet, sind meines Erachtens jedoch entschieden relevanter im interkulturellen Kontext, da sie

... tiefer verankert sind,
... das Welt- und Menschenbild einer Kultur darstellen,
... wegen den ersten zwei Punkten auch nur schwer veränderbar sind,
... nicht nur das Verhalten, sondern ebenso die Werte determinieren.

Abb. 4: Merkmale von Basisannahmen (nach Cray / Mallory 1998)

Die oberste und von außen sichtbare Ebene umfasst die Artefakte; diese sind *„explizite, sichtbare Aspekte menschlichen Verhaltens und die Ergebnisse menschlichen Handelns, die sich in sozialen Interaktionen und Objekten manifestieren“* (Stüdlein 1997: 31). In ihnen sind je nach Situation Werte und Normen symbolisch vertreten, deshalb wird ihr Sinn von Außenstehenden oft nicht richtig verstanden - es fehlt die Interpretation. Dabei stellt ‘Verhalten’ die *„allgemeinste Bezeichnung für jede Aktivität oder Reaktion von Menschen“* (Stüdlein 1997: 27) dar;[9] es beinhaltet körperliche Aktionen, Wahrnehmung, Denken und Fühlen. ‘Handlung’ ist eine Eingrenzung auf beobachtbares, meist zielgerichtetes, körperliches Tun. Weitere Artefakte wären beispielsweise Aufzeichnungen, Kunstwerke und Werkzeuge, d.h. die ganze

[7] Im Gegensatz zu anderen Autoren unterscheiden Gudykunst / Kim zwischen Normen und Regeln: Beide geben Standards zu akzeptablen Verhaltensweisen vor, wobei Normen zusätzlich einen moralische oder ethischen Bezung beinhalten (1992: 57).

[8] Dies geschieht meist absichtlich, da Basisannahmen nicht direkt aufgedeckt und damit in Untersuchungen nicht erfasst werden können.

[9] Laut Schein (1995: 25f) ist Verhalten kein Teil der Artefakte, sondern Ausprägung der Kultur.

Palette soziokultureller Äußerungen. Sie werden auch 'Percepta' (also: 'wahrnehmbare' Merkmale) genannt, um sie von den Concepta, d.h. Basisannahmen und Werten abzugrenzen, den 'konzipierenden' Merkmalen von Kultur (vgl. Abb. 3). Die Concepta zeichnen sich dadurch aus, dass sie von den Angehörigen einer Kultur während ihrer Sozialisation internalisiert worden sind, unbewusst akzeptiert werden und als selbstverständlich gelten.

Als Relativierung des eben beschriebenen Modells muss hinzugefügt werden, dass Kultur nie einheitlich und im gleichen Maße von ihren Mitgliedern getragen wird. Der Mensch ist in allererster Linie ein Individuum mit persönlichen Eigenschaften, in zweiter Linie Teil einer Gruppe und in dritter Linie Angehöriger der Spezies 'Mensch' mit bestimmten biologisch vorgegebenen Merkmalen. Somit weist jede Person individuelle, kulturelle und universale Charakteristika auf (Kluckhohn / Murray 1948). Hierbei gestaltet es sich extrem schwierig, die Trennlinie zwischen kulturellen und individuellen Eigenschaften zu ziehen. So kann es sein, dass sich zwei Personen zweier verschiedener Kulturen ähnlicher sind als zwei Personen derselben Kultur (Hofstede 1984). In diesem Fall verliert der Erklärungsfaktor 'Kultur' an Bedeutung, und obiges Modell, das Basisannahmen, Werte und Artefakte in einen deterministischen Zusammenhang stellt und Varianzen zwischen den verschieden Mitgliedern bzw. äußere Einflüsse nicht explizit einbezieht, ist nicht anwendbar zur Erklärung der individuellen Werte und der Verhaltensweisen, die ein einzelner Mensch konkret aufweist. Da in der Realität jedoch gewisse Tendenzen bzgl. kultureller Unterschiede durchaus wahrnehmbar sind, halte ich einen Erklärungsansatz wie das Modell von Schein doch für hilfreich, so lange man sich der Problematik der Abgrenzung 'kulturell - individuell' bewusst ist und weder kulturelle Stereotypen bildet noch individuelle Eigenschaften auf die gesamte Kultur überträgt.

Ein weiteres Problem stellt der tatsächliche Einfluss von z.B. Werten auf Verhalten dar. Oft widerspricht das beobachtbare Verhalten eindeutig den kulturellen Werten, was sich durch eine Vielzahl von Faktoren, wie z.B. die jeweilige Situation und die beteiligten Personen, erklären lässt. Genauer wird darauf in Kapitel *3.1.1 Einfluss der Kultur auf Verhalten* eingegangen.

2.2.2 Institutionelle Kulturebenen

Institutionelle Kulturebenen lauten Landeskultur, Branchenkultur, Organisationskultur, Berufskultur, Privatkultur, usw., wobei die jeweils speziellere Ebene eine Subkultur der vorhergehenden darstellen kann. Die Einteilung in verschiedene Betrachtungsebenen und eigenständige Kultursysteme reduziert die Komplexität des Gesamtgegenstandes 'Kultur' und strukturiert die Beschreibung und Erklärung von verschiedenen Kulturen (Stüdlein 1997: 34). Abbildung 5 soll die Zusammenhänge zwischen den einzelnen Kulturebenen, die für diese Arbeit wichtig sind, verdeutlichen. *„Jede kulturelle Box stellt ein soziales System mit eigener Ethnizität dar, in dem die jeweiligen Mitglieder zwischen In- und Outsidern unterscheiden und sich so als abgrenzbare Einheiten sehen"* (Scheuss 1985: 86).

Die allumfassende Kultur bildet die National- oder Landeskultur, deren Mitglieder eine soziale Gruppe formen. Dabei ist jedoch eine Nation häufig weit davon entfernt, eine kulturelle Einheit darzustellen (Cray / Mallory 1998: 17). Der Nationalstaatsgedanke, entsprungen im 19. Jahrhundert, gründet auf politischen Ideen und berücksichtigt in den seltensten Fällen kulturelle Gegebenheiten, wie Region, Sprache, Religionszugehörigkeit, gemeinsame Geschichte, etc.[10] Das eigentliche Untersuchungsobjekt auf dieser Ebene sollte die Ethnie, nicht der Nationalstaat sein, denn die Aussagen über eine Nation sind auf Grund ihrer kulturellen Heterogenität von beschränktem Wert. Nur die Ethnie umfasst tatsächlich eine kulturelle Einheit, die sich vor allem durch die Selbstidentifizierung ihrer Mitglieder mit ihr auszeichnet. Doch es sei betont, dass auch innerhalb einer Ethnie diverse Subkulturen zu finden

[10] Eklatant macht sich dies vor allem in den jungen Staaten Afrikas bemerkbar, deren territoriale Grenzen nach Breiten- und Längengraden und nicht nach kulturellen Grenzen gezogen worden sind.

sind (z.B. die der Generationen, Regionen, sozialen Schichten, Stadt / Land, etc. - vgl. Ronen 1986: 30-31; Ronen / Shenkar 1985: 441). Eine Kultur darf zudem nicht als ein in sich geschlossenes System - einem 'Container' - gesehen werden (Drechsel / Behr / Schmidt 1998),[11] denn jede Kultur unterliegt endogenen und exogenen Einflüssen aus der Umwelt, die eine ständige Dynamik bewirken.

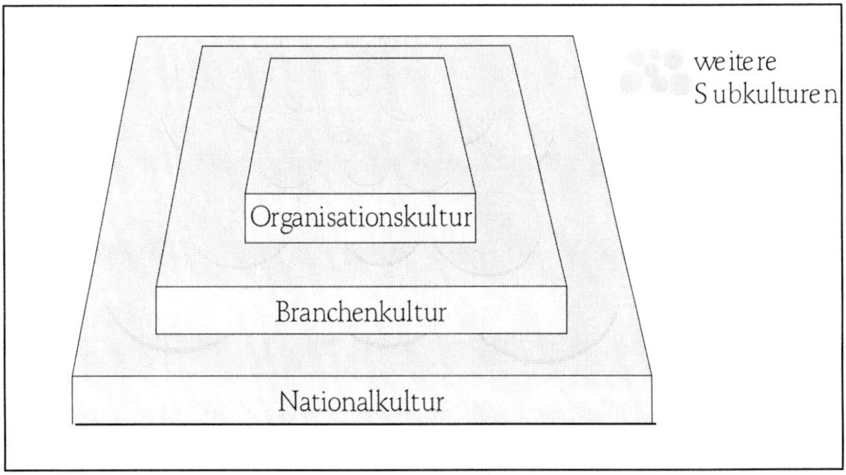

Abb. 5: Schachtelmodell kultureller Ebenen (nach Scheuss 1985: 87)

Der Grund, warum nichtsdestotrotz immer wieder auf das Konzept der Nationalkultur zurückgegriffen wird, ist, dass Daten über eine Nation sehr viel einfacher erhältlich sind als über eine Ethnie und die meisten Wissenschaftler und Interessenten daher 'kleinere Varianzen' innerhalb ihres Betrachtungsgegenstands billigend in Kauf nehmen und gegebenenfalls Hinweise geben auf die Existenz verschiedener Subkulturen.[12]

---

[11] Ursprünglich bezog sich die Container-Theorie auf Gesellschaften, die im Container des Nationalstaates eingeschlossen und daher äußeren Einflüssen entzogen waren und eine innere Homogenität aufwiesen (Beck 1997).

[12] Ronen / Punnett (1982) geben eine lange Liste theoretischer und praktischer Gründe an für die Verwendung des Konzepts 'Nationalkultur', die ich jedoch allesamt für wenig überzeugend halte. Ein Plädoyer für den Gebrauch von Nationalkulturen schrieb Moosmüller (1993).

Die zweite Ebene, ist die Branchenkultur: Unternehmen einer Branche ähneln sich auf Grund der gemeinsamen Technologie, Produkte, Vertriebsarten, etc. (Stüdlein 1997: 37). Der Einfluss der Nationalkultur wird geschmälert; Landesgrenzen sind innerhalb Branchen weniger markant. So sind beispielsweise viele Gemeinsamkeiten zwischen Unternehmen der IT-Branche festzustellen, gleich welcher nationalen Herkunft sie unterliegen. Die Grenze der Box 'Branchenkultur' in der Graphik (Abb. 5) sollte also besser außerhalb, nicht innerhalb der Box 'Landeskultur' eingezeichnet werden.

Diese Ebene ist bisher wenig erforscht worden, was daran liegen mag, dass im Vergleich zu Nationalkultur und Organisationskultur prägende Einflüsse eher gering sind. Deshalb wird auf diese Stufe in der vorliegenden Arbeit nicht weiter eingegangen.

Die Organisationskultur liegt auf der nächsthöheren Ebene.[13] Sämtliche Mitglieder einer Organisation (Mitarbeiter, Eigentümer, Leitende,...) bilden die zu betrachtende soziale Gruppe mit ihren charakteristischen Eigenschaften, die durch Größe, Alter, regionale Lage, Ziel der Organisation, etc. und auch der Branchen- und Nationalzugehörigkeit entstanden sind. Auf die Zusammenhänge von National- und Organisationskultur wird in Kapitel *2.4.3 Verbindung von Landes- und Organisationskultur* ausführlich eingegangen.

Man könnte die Ebenen fortsetzen und z.B. Berufskultur als oberste Ebene definieren, die sich dann nicht nur über eine Organisation, sondern auch über sämtliche Branchen und Nationen hinweg erstreckt (z.B. die Kultur der Buchhalter). Zu beachten ist, dass 'Berufskultur' auch eine Subkultur der unteren Ebenen, z.B. der Nationalkultur sein kann (z.B. die Buchhalter in Deutschland). So ist es möglich, jede der drei genannten Ebenen in unzählige Subkulturen aufzuspalten.

Es sei noch erwähnt, dass erstens die eben aufgelisteten Ebenen eine unterschiedlich 'tiefe', d.h. unterschiedlich stark verwurzelte Kultur aufweisen, und dass sie zweitens allesamt in ein komplexes übergeord-

---

[13] Genauere Erläuterung zu 'Organisationskultur' erfolgt im eigenen Kapitel *2.3.4 Organisationen*. Hier sollen lediglich diejenigen Merkmale erwähnt werden, die eine Abgrenzung zu 'Nationalkultur' und 'Branchenkultur' erlauben.

netes System eingebunden und miteinander verwoben sind. In der Realität sind daher die Einflüsse der verschiedenen Subkulturen schwer zu differenzieren. Eine so klare Abgrenzung, wie das Schachtelmodell sie bietet, ist rein theoretisch, aber nötig, um Erfassungsmodelle für Kulturen konzipieren zu können.

2.3 Kontroverse Forschungsansätze und deren Konsequenzen

2.3.1 Analytischer versus interpretativer Forschungsansatz

Quer durch sämtliche interkulturelle Wissenschaften ziehen sich zwei kontroverse Standpunkte[14]: zum einen der analytische, zum anderen der interpretative. Studien des ersteren sind nomothetischer Art, d.h. sie streben nach der Aufdeckung universaler Gesetzmäßigkeiten. Sie beziehen sich auf eine Gruppe als Untersuchungsobjekt, verwenden standardisierte, kontrollierte Umwelten und quantitative Methoden, die statistische Analysen von Daten beinhalten (Morey / Luthans 1984). Dabei nimmt der Forscher eine 'outsider'-Perspektive[15] ein, die ihm erlaubt, völlig unbeteiligt Daten aufzunehmen, ohne durch die eigene Person oder Studie Verzerrungen im Untersuchungsobjekt zu bewirken. Das Ziel sind allgemeingültige Aussagen, die Verallgemeinerungen auf andere Objekte und Vergleiche mit anderen Studien zulassen.

Der interpretative Ansatz hingegen verfolgt ein idiographisches Erkenntnisziel und bemüht sich, die besondere und einzigartige Erfahrung eines Subjekts zu erkennen und zu verstehen (Morey / Luthans 1984: 27), d.h. die Interpretation der Welt durch das Subjekt zu erfassen

---

[14] Zur Ausgestaltung dieser Diskussion speziell innerhalb der Ethnologie siehe Stellrecht (1993: 34-37) für eine kurze Darstellung bzw. Stellrecht (1993: 29-34, 37-78) und Schweizer (1993) für eine ausführliche Erläuterung.

[15] Man könnte hier statt des Begriffs 'outsider'-Perspektive auch 'etische' Sicht verwenden, doch 'etisch' möchte ich innerhalb dieser Arbeit für Erfassungskategorien für Kulturen im Sinne der englischen Bezeichnung 'etics' reservieren (siehe Kapitel *2.3.2 Die Unterscheidung von etischen und emischen Erfassungskategorien*). Aus diesem Grunde verzichte ich an dieser Stelle auf diesen Begriff, um Verwirrung zu vermeiden. Dies gilt analog für 'insider'-Perspektive und 'emisch'.

(Stellrecht 1993: 34). Studien sind auf eine einzige Kultur ausgerichtet und werden in naturalistischen Umwelten mit qualitativen Methoden und eher ethnologischen Instrumenten durchgeführt. Wichtig ist die Einnahme einer 'insider'-Perspektive (also die der Angehörigen einer Kultur), um Kulturmerkmale und Verhalten in ihrer Struktur und Funktion aus der Position der Beteiligten verstehen zu können. Eine Forderung der interpretativen Richtung ist zudem, alle zu untersuchenden Merkmale in ihrer Bedeutung für das Ganze zu erkennen, d.h. eine ganzheitliche Erfassung vorzunehmen. Hinter den eben genannten Vorgehensweisen steht der an den Kulturrelativismus angelehnte Gedanke, dass eine Kultur nur mit ihren eigenen Kategorien und Zusammenhängen beschrieben werden kann. Ein Vergleich mit anderen Kulturen gestaltet sich daher schwierig und kann nur auf einer sehr komplexen Ebene in der Gesamtsicht angestellt werden (Keller 1982).

Unterscheidungs-kriterien	***analytischer Forschungsansatz***	***interpretativer Forschungsansatz***
Erkenntnisziel	nomothetisch	idiographisch
Forschungsobjekte	Untersuchung mehrerer vergleichbarer Fälle: Mehr-Länder-Studien	Analyse eines einzelnen Falls: Einzelländerstudie
Sichtweise auf das Untersuchungsobjekt	Außensicht	Innensicht
Art und Ebene des Vergleichs	explizit vergleichend Vergleich anhand einzelner kultureller Merkmale	implizit vergleichend Vergleich des Ganzen auf einer komplexen und gesamtsichtigen Ebene
Wissenschafts-theoretischer Hintergrund	kritischer Rationalismus Forderung nach Objektivität und intersubjektiv überprüfbaren Ergebnissen	Kulturrelativismus Forderung nach dem Verständnis des subjektiv Erlebten
Methodenziel	Messen	Verstehen
Methoden	quantitativ: 'harte' Erhebungs- und Analysemethoden etische Erfassungskategorien	qualitativ: 'weiche' Forschungsmethoden emische Erfassungskategorien

Abb. 6: Unterschiede zwischen dem analytischen und interpretativen Forschungsansatz (nach Keller 1982: 503f)

Je nach Forschungsansatz ergeben sich andere Erfassungskategorien bei der Erforschung der verschiedenen Kulturen. Dies ist besonders wichtig im Hinblick auf die spätere Einteilung der KEA, deshalb soll darauf gesondert im folgenden Kapitel *2.3.2 Die Unterscheidung von etischen und emischen Erfassungskategorien* eingegangen werden.

Für einen zusammenfassenden und ergänzenden Überblick zum analytischen und interpretativen Forschungsansatz sei auf Abbildung 6 verwiesen.

2.3.2 Die Unterscheidung von etischen und emischen Erfassungskategorien [16]

Der etische Ansatz nimmt einen Standpunkt außerhalb des Untersuchungsobjekts / -systems, also der Kultur, ein und untersucht diese mit externen Kriterien (Barnard 1998). Die Kriterien sind universal geltende Kategorien, die auf jede Kultur angewandt werden können, um die dortigen Ausprägungen zu messen oder zu klassifizieren.[17] Der etische Ansatz wird hauptsächlich für die parallele Untersuchung mehrerer Kulturen und deren anschließendem Vergleich benutzt (Berry 1969, 1990): „*Etics focus on the cross-cultural scientist's point of view*" (Bhawuk / Triandis 1996: 23).

Emische Erfassungskategorien werden meist bei der Untersuchung einer einzelnen Kultur verwendet, wobei der Forscher versucht, die Innensicht einzunehmen: „*Emics focus on 'the native's point of view*" (Bhawuk / Triandis 1996: 23). Der Forscher strebt danach, die beste-

---

[16] Wie schon in der vorigen Fußnote erwähnt, stellt der Begriff 'etische Erfassungskategorie' die Übersetzung für das englische 'etics' und 'emische Erfassungskategorie' für das englische 'emics' dar. Die Unterscheidung zwischen 'etisch' und 'emisch' lässt sich zurückverfolgen auf die Linguistik, in der Kenneth Pike 1966 mit 'phonetisch' die Beschreibung aller existenten Lauten sämtlicher Sprachen umfasste und mit 'phonemisch' die Untersuchung von Lauten, die innerhalb einer Sprache Bedeutung zuweisen.

[17] Zur beispielhaften Veranschaulichung von universalen Konstrukten siehe Brislin (1983: 387-390) - er listet dort verschiedene Arten universaler Phänomene im Verhalten von Menschen auf.

henden Strukturen und Merkmale aufzudecken und zu lernen, sie mit der einheimischen (meist impliziten) Logik zu verstehen (Berry 1969, 1990). Wichtig ist, dass der Forscher nicht eigene oder universale Kriterien anbringt, sondern tatsächlich emische Konstrukte aufnimmt, um die fremde Kultur zu begreifen und zu beschreiben (Schmid 1996).[18] Denn: „*The assumption of universality across cultures leads to the notion of an imposed etic*" (Ronen 1986: 48). Dabei werden an der fremden Kultur Kriterien angewandt, die nicht auf die dortigen Phänomene passen (Triandis / Marín 1983: 490). Ein solches Vorgehen ist häufig der Fall - auch wenn es nicht erkannt oder gar geleugnet wird -, denn der Mensch, also auch der Wissenschaftler, ist kulturgebunden und trägt seine kulturspezifischen, d.h. emischen Konstrukte in die Forschung mit ein.

Eine Synthese zwischen beiden Vorgehensweisen wäre die Entwicklung von 'derived emics', wie es Bhawuk / Triandis 1996 und schon Berry 1969 vorschlugen: Eine Kategorie aus der eigenen Kultur wird auf die Gegebenheiten einer fremden Kultur abgeändert und wird so zum abgeleiteten emischen Konstrukt für die dortige Kultur. Es dient als 'descriptive framework' für beide Kulturen, die anhand dessen nun verglichen werden können.[19] Wenn man diese Prozedur bei allen Kulturen und am besten durch verschiedenkulturelle Wissenschaftler durchführt, erhält man ein universales und somit echt etisches Konstrukt. Auf welche Art und Weise diese 'derived emics' in Studien tatsächlich entstehen, soll im Kapitel *5.1.2.1.5 Schwartz / Bilsky: Motivational Types of Values (1987)* anhand der Kategorienentwicklung jenes KEA deutlich werden.

---

[18] Auf Vor- und Nachteile der etischen und emischen Erfassungskategorien wird gesondert im Kapitel *6. Theoretische Würdigung der Kulturerfassungsansätze* eingegangen.

[19] Dies ist nicht möglich, wenn das ursprüngliche Konstrukt so weit abgeändert worden ist, dass es gar keine Kriterien mehr aufweist, die auch in der ersten Kultur zutreffen.

2.4 Organisationen

2.4.1 Grundlagen aus der Organisationsethnologie

Eine Organisation wird zur Erreichung eines bestimmten Ziels von einer oder mehreren Personen gegründet. Im speziellen Fall der Unternehmen ist dieses Ziel die Gewinnerzielung, wozu von den Gründern bestimmte Strukturen und Strategien (d.h. ein formales System) entwickelt werden. Dadurch, dass noch viele andere Personen an der Unternehmung direkt oder indirekt teilnehmen, die ganz andere Ziele als die Gründer verfolgen, wird zusätzlich ein informelles System geschaffen, das ersterem durchaus zuweilen widerspricht (Wright 1994). Diese zwei Elemente konstituieren die Organisationskultur (Wright 1994), die nach Schein (1985) in die drei Ebenen Basisannahmen, Werte / Normen und Artefakte untergliedert werden kann.[20]

Auf Grund der Vielzahl wissenschaftlicher Disziplinen und wissenschaftstheoretischer Positionen innerhalb der Organisationskulturforschung existiert kein allgemeingültiges Organisationskulturkonzept, d.h. kein geteiltes Verständnis über das Wesen von Organisationskultur (Neuberger / Ain 1987; Baba 1994).[21] Grundsätzlich können sämtliche Kulturkonzepte in zwei Kategorien eingeteilt werden (Neuberger / Ain 1987; Kaschube 1993; Schreyögg 1988), die der Unterscheidung in analytischen und interpretativen Forschungsansatz entsprechen (vgl. Kapitel 2.3.1).[22] Auf der einen Seite herrscht eine objektivistische, funktionalistische Auffassung, die mehrheitlich von Wirtschaftswissenschaftlern vertreten wird. Entsprechend wird Organisationskultur definiert als Muster von Werturteilen, Denkhaltungen und Verhaltensan-

---

[20] Vgl. Kapitel *2.2.1 Anthropologische Kulturebenen.*

[21] Dies verwundert kaum, wenn man die illustre Zahl von Kulturkonzepten kennt, die schon in der Kulturanthropologie - der Mutter der Organisationsethnologie - vorliegen.

[22] Eine detaillierte Auflistung und Beschreibung weiterer Unterkategorien wird von Fankhauser (1996) geliefert.

nahmen, das von führenden Personen in der Unternehmung entwickelt worden ist, sich bewährt hat und deswegen auch allen neuen Mitgliedern einer Unternehmung anerzogen werden soll (Schein 1985). Man ist der Meinung, eine Organisation *hat* eine Kultur; Organisationskultur stellt eine Variable neben vielen anderen dar, die vom Management als Instrumente der Effizienzsteigerung benutzt werden können. Organisationskultur in diesem Sinne ist ein wahrnehmbares Objekt, das mit den herkömmlichen quantitativen Methoden gemessen werden kann.

Dem gegenüber steht ein subjektivistisches, interpretatives Kulturkonzept, das hauptsächlich Ethnologen propagieren. Organisationskultur wird als 'root metaphor' gesehen und sehr weit definiert als *„ein implizites Phänomen; in ihm bündeln sich die Denkfiguren, Hintergrundüberzeugungen, Wertvorstellungen, Handlungsmuster usw., die sich im Laufe der Zeit im Umgang mit Problemen aus der Umwelt und der internen Koordination herausgebildet haben und bewusst oder unbewusst kultiviert und weitergegeben werden"* (Schreyögg 1990: 380). Dahinter steht die Auffassung, dass eine Organisation eine Kultur *ist*. Dabei wird erkannt, dass eine Organisationskultur ein soziales Konstrukt darstellt, das sich durch die Interaktion seiner Teilnehmer immer wieder neu bildet und durch verschiedenste Einflüsse aus der Umwelt geprägt wird. Somit entzieht es sich der direkten Erfassung und Messung - nur durch die Einnahme der Sicht der an der Organisation Beteiligten kann Organisationskultur in ihrer Struktur und Funktion verstanden werden.

2.4.2 Kulturbedingtheit oder Universalität von Management und Organisationen?

Die in der Literatur unter dem Thema 'culture bound versus culture free' heiß diskutierte Kontroverse darüber, ob Organisationen von Landeskulturen geprägt werden (siehe ausführlich z.B. Stüdlein 1997), soll in dieser Arbeit nicht ausgespart werden.

Wenn man von der Kulturgebundenheit des Menschen ausgeht - so die Vertreter der 'culture bound' These -, dann müssen zwangsläufig auch die Organisationen, in denen Menschen teilnehmen, geprägt sein von der sie umgebenden Kultur (Smith / Tayeb 1988). In diesem Fall nimmt die interkulturelle Forschung eine wichtige Rolle ein bei der Ermittlung eines Managements, das auf die jeweilige Kultur angepasst ist. Die Globalisierung bewirkt zudem eine Rückbesinnung der Menschen auf ihre eigenen Wurzeln, so dass sich kulturelle Ausprägungen noch verstärken. Somit tritt die Problematik der interkulturellen Zusammenarbeit noch mehr in den Vordergrund.
Die konträre Behauptung, Organisationen wären völlig frei von kulturellen Einflüssen, wird hauptsächlich von Kontingenztheoretikern verfochten, die davon ausgehen, dass eine Organisation und insbesondere eine Unternehmung universalen Bedingungen unterliegt, wie Technologie, Produkt, Branche, etc. Die Globalisierung bewirkt eine weltweite Vereinheitlichung und Standardisierung von Produktion und Management, so dass auf langfristige Sicht noch vorhandene kulturelle Diversitäten durch die Anpassung an die optimale und zum Überleben einzig mögliche Management- und Organisationsweise verschwinden werden. Interkulturelle Management- und Organisationsforschung kann also keine nützlichen Erkenntnisse erbringen und wird von daher bald völlig irrelevant sein. „*This approach to cross-cultural management assumes that any difficulties encountered can be regarded as minor and local and can be ignored or accommodated in some way*" (Cray / Mallory 1998: 38).

	Culture Bound These	*Culture Free These*
These	Organisation ist kulturabhängig.	Organisation ist kulturunabhängig.
Begründung	Jedes Verhalten, also auch Managementverhalten und damit ökonomische Prozesse und Strukturen, insbesondere die organisatorische Ausgestaltung von Unternehmen, ist substantiell durch die jeweilige Landeskultur beeinflusst.	Zwangsläufige Folge der Industrialisierung: Ökonomische Sachzwänge und identische Aufgabenstellungen an das Management ließen homogene Management- und überlegene Organisationsstrukturen und -prozesse entstehen.
Folgerung	Äquifinalität (mehrere richtige Wege): Management und Organisation sind im jeweiligen Kontext zu sehen. Theorien sind nicht ohne weiteres auf andere Kulturen übertragbar.	Monofinalität (einzig richtiger Weg): Management- und Organisationstheorien sind universell gültig.
Dynamische Ebene	*Divergenz*	*Konvergenz*
These	Nationale Kulturen werden noch unter-schiedlicher und Organisationen behalten ihre kulturspezifischen Unterschiede im Verhalten ihrer Mitglieder und in ihren Strukturen/ Prozessen.	Nationalkulturen und somit auch Organisationen werden sich immer ähnlicher, es entsteht eine Weltkultur und es setzt sich der einzig richtige Weg des Managements und der Organisation durch.
Begründung	Internationalisierung und Globalisierung führen dazu, dass sich die Menschen verstärkt auf ihre kulturellen Wurzeln zurückbesinnen.	Welthandel und Kommunikationstechnologien lassen Kulturen, technologische und ökonomische Faktoren der Organisationen immer enger zusammenwachsen.
Konsequenzen der Positionen		
für die Theorie	Bedeutungssteigerung der interkulturellen Managementforschung und -lehre.	Interkulturelle Managementforschung war nie von Bedeutung.
für die Praxis	Kulturunterschiede erfordern kulturspezifisches Management: interkulturelles Verständnis für den Erfolg von internationalen Tätigkeiten.	Vereinfachung der grenzüberschreitenden Aktivitäten und des internationalen Personalmanagements durch weltweite Standardisierung aller Bereiche.

Abb.7: Kulturgebundenheit versus Kulturneutralität (nach Stüdlein 1997: 44)

Das sind allerdings die Extrempositionen, wie sie in ihrer Reinform heute kaum mehr vorkommen. Trotz vereinzelt anhaltender Diskussionen[23] hat man sich weitgehend darauf geeinigt, dass in gewissen Bereichen Kulturunterschiede nicht zu verleugnen sind. Es wurden inzwischen empirische Belege erbracht[24], dass universale Ähnlichkeiten eher im Makrobereich wie Organisationsstrukturen und Technologien zu finden sind und Unterschiede eher auf der Mikroebene, beispielsweise im Verhalten der Mitarbeiter.

2.4.3 Verbindung von Landes- und Organisationskultur[25]

„*Thinking about the dynamics between organizational culture and societal culture is like considering the interface between the sand and the sea. Usually, one of two perspectives undergrids our analysis. Sometimes in examining the interface we note the dominance of the tide (external culture) and recognize that the fine patterns on the beach (organization) are never the same at any two points in time. At other times we note the dominance of the beach, relatively constant in place, shape, and size and a powerful determinant of how the sea behaves. Occasionally, however, a third, transformational perspective emerges. Here we observe a unique storm. We see a relationship in dynamic tension, characterized by a pattern of furious opposition that leads to transformation of the elements and of the interface itself*“ (Quinn / McGrath 1985: 315). Anhand dieser anschaulichen Metapher wird deutlich, dass Landeskultur (‘societal culture’), Organisationskultur und deren Umwelt in enger Verflechtung stehen und sich dynamisch

---

[23] Osterloh sieht die aktuelle Fortsetzung der ‘culture free’ These im ökonomischen Paradigma, das in den letzten Jahren verstärkt aufgekommen ist (Erläuterungen hierzu siehe Osterloh 1994).

[24] Siehe z.B. Child / Kiesers Studie (1979) zu Organisation und Management in Deutschland und Großbritannien.

[25] Die Begriffe ‘Nationalkultur’ und ‘Landeskultur’ werden trotz der Kritik in Kapitel *2.2.1 Anthropologische Kulturebenen* benutzt, da sie in der Literatur Usus sind. Doch sie könnten in den folgenden Ausführungen auch durch ‘Ethnienkultur’ ersetzt werden, gäbe es diese Bezeichnung.

entwickeln, und je nach Standpunkt die eine oder die andere Kultur dominanter erscheint.

Es gibt bisher nur wenige systematische Untersuchungen, inwieweit Organisations- und Landeskultur interagieren (Cray / Mallory 1998); doch einige grundlegende Einflussmöglichkeiten der Nationalkultur auf die Organisationskultur können bereits erkannt werden (Cray / Mallory 1998; Lammers / Hickson 1979): Politische, gesetzliche und wirtschaftliche Rahmenbedingungen (wie z.B. Gesetze, Verordnungen, etc.) stellen die z.T. verschriftlichten Normen und Werte der Gesellschaft dar und bilden die Grenzen der Ausgestaltungsmöglichkeit von Organisationen. Die Gründer lassen in das formale Organisationsdesign ihre Präferenzen und Werte einfließen (Hofstede 1985; Schein 1988), die von den aktuellen Leitern evtl. immer wieder modifiziert werden (Schein 1983). Grundsätze der Manager findet man in expliziter Form häufig in Unternehmensphilosophien u.ä.[26] Eigentümer geben durch ihre Einstellung zu dem, was für sie 'Effizienz' bedeutet, vor, auf welche Art und Weise produziert werden soll. Mitarbeiter bewirken oft eine informelle Umstrukturierung der Gründer-, Leiter- und Eigentümerideen. Durch die verschiedenen Berufsgruppen, sozialen Schichten und v.a. der nationalen Herkunft der Beschäftigten wird die Organisationskultur mitgeformt. Es gibt noch eine Reihe weiterer an einer Organisation Beteiligter, wie z.B. Lieferanten, Kunden, kooperierende Unternehmen, Gewerkschaften, die alle in irgendeiner Form die Organisationskultur mitgestalten - auch wenn oft auf den ersten Blick nicht erkennbar.

In Kapitel *2.2.2 Institutionelle Kulturebenen* wurde bereits im Schachtelmodell deutlich, dass Organisationskultur als eine Subkultur von Landeskultur gesehen wird. Dieser Meinung möchte ich mich anschließen, denn Landeskultur ist umfassender und tiefer im Individuum verankert als Organisationskultur. Dies geht zurück auf die frühe Sozialisation, in der die gesellschaftliche Kultur internalisiert wird und seitdem im täglichen Umgang als selbstverständlich gilt. Organisa-

[26] Wobei zu beachten ist, dass diese meist ideale und nicht gelebte Werte verkörpern.

tionskultur wirkt erst ab Eintritt in die Organisation auf den Menschen ein (also erst im Erwachsenenalter) und vermag nicht mehr die kulturellen Wurzeln (d.h. Werte / Basisannahmen) grundlegend zu verändern (Hofstede 1989: 391). Zudem basiert die Identifikation des Einzelnen mit der Organisation als Arbeitgeberin auf einer '40-Stunden-Zwangsehe', die in erster Linie der Gewinnung des Lebensunterhalts dient. Der Arbeitnehmer übernimmt zwar neue Handlungsweisen und Praktiken, doch diese sind lediglich der Ebene der Artefakte zuzuordnen (Hofstede 1989: 391).

Auf Grund der hohen Relevanz von Organisationen sowohl für das Leben eines Individuums als auch für den Wandel einer Kultur (v.a. in Form von Unternehmen, die Arbeit geben, Produkte herstellen, Eigentum darstellen und auf diese Weise massiv in die Wirtschafts- und Sozialstrukturen einer Gesellschaft eingreifen) können Einflüsse der Organisationskultur auf die Nationalkultur jedoch nicht bestritten werden.

In diesem und im vorhergehenden Kapitel wurde die überragende Position, die Kulturen für Organisationen einnehmen, aufgezeigt. Es sollte deutlich werden, dass die Erfassung von Nationalkultur eine wichtige Rolle für die richtige Konzeption von Management als auch die erfolgreiche Gestaltung von interkultureller Zusammenarbeit zwischen Mitarbeitern spielt. Die Erfassung von Organisationskulturen soll ergänzend zur Erfassung von Landeskultur dargestellt werden, da sie im interkulturellen Zusammentreffen (insbesondere bei internationalen Joint-ventures, Allianzen oder Unternehmensübernahmen) durchaus hilfreich sein kann und eine hohe Interdependenz zwischen beiden Kulturebenen herrscht: „*...if we look at problems such as cross-cultural integration it is necessary to consider both types of culture and to understand how they interact*" (Cray / Mallory 1998: 8).

3. Verhalten und Verhaltensänderung durch interkulturelle Trainings

3.1 Verhalten

3.1.1 Verhalten als Teil von Kultur

Da Verhalten einen Teil der Kultur darstellt, wäre es tautologisch zu behaupten, Kultur beeinflusse das Verhalten der Angehörigen. Man muss gewisse Aspekte der Kultur herausgreifen (z.B. Basisannahmen, Werte, Denksysteme), um damit andere Elemente - in diesem Fall Verhalten - erklären zu können (Smith / Bond 1993).[27] In Kapitel *2.2.1 Anthropologische Kulturebenen* sind im Schichtenmodell derartige Zusammenhänge aufgewiesen worden, doch zur inhaltlichen Ausfüllung der Vernetzungen gibt es leider noch kaum Erkenntnisse. Aber genau diese wären nötig, um die Ursachen für Verhalten aufdecken und prognostische Aussagen über Verhalten treffen zu können, die dann z.B. in einem interkulturellen Training weitergegeben werden können. Einen Anfang hierfür machen Cray / Mallory (1998). Da nach ihren Aussagen nur eine schwache Beziehung zwischen Verhalten und anderen kulturellen Variablen wie z.B. Werten herrscht, dafür aber noch eine Vielzahl von anderen Einflussfaktoren eine Rolle spielen, entwickelten die Autoren eine Verhaltens- und Kognitionstheorie (modellhaft in Abb. 8

[27] Nur der sprachlichen Einfachheit halber sollen in diesem Kapitel die Begriffe 'Nationalkultur' und 'Organisationskultur' sämtliche kulturellen Variablen bis auf Verhalten umfassen.

dargestellt), in der sie einen 'Kognitions-framework' zwischen Verhalten und anderen kulturellen Variablen schalten. Dieser 'framework' gibt die kognitiven Kategorien an, in denen die Umwelt verstanden wird, und erklärt zumindest z.T., welche Werte vom Individuum übernommen und in der jeweiligen Situation angewandt werden.

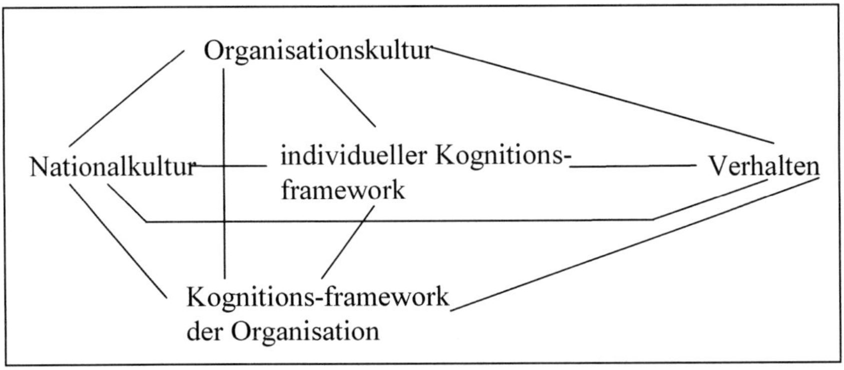

Abb. 8: Verhaltens- und Kognitionsmodell (Cray / Mallory 1998: 106)

Zudem wird das Phänomen Organisationskultur in das Modell integriert. Diese beeinflusst das Verhalten der Mitglieder direkt (z.B. über Gruppennormen) oder indirekt über den oben genannten individuellen 'Kognitions-framework' und über einen eigenen, organisationsspezifischen 'Kognitions-framework'. Eine Organisation hat insofern eine eigene Kognition, als dass mehrere Personen gewisse kognitive Strukturen teilen.[28] Selbst steht die Organisationskultur unter dem Einfluss der Landeskultur (vgl. *2.4.3 Verbindung von Landes- und Organisationskultur*).

Wenn man gemeinsame kognitive Muster empirisch untersucht, kann man die Effekte von Organisationskultur und Nationalkultur auf individuelles Verhalten disaggregieren. Das Problem hierbei ist jedoch, dass der Grad, mit dem die einzelnen Faktoren auf das Individuum einwirken, unterschiedlich und von der jeweiligen Kultur abhängig ist.

---

[28] Diese Organisationskognition ist eigentlich ein Teil der Organisationskultur, doch eine eigenständige Darstellung ist zweckdienlich für ein besseres Verständnis ihres Status.

Das eben besprochene Modell ist nicht erschöpfend - es gibt noch eine Menge weiterer Einflussfaktoren (Branchen-, Berufsgruppenkultur etc.). Außerdem sind Rückmeldeschleifen nicht berücksichtigt, d.h. dass aus eigenem Verhalten gelernt und somit die individuelle Kognition verändert wird. Ein großer Mangel erweist sich zudem darin, dass der Einfluss der jeweiligen Situation, in der Verhalten abläuft, nicht ausreichend und explizit im Modell aufgezeigt wird.

Trotz dieser Nachteile weisen m. E. Cray / Mallory mit ihrem Vorschlag den richtigen Weg zur genaueren Erforschung der Zusammenhänge verschiedener kultureller Variablen auf. Eine Ausdifferenzierung und empirische Belegung ihres Modells könnte einen wichtigen Beitrag zur Erklärung von individuellem Verhalten liefern.

3.1.2 Interkulturelles Verhalten

„Interkulturelles Handeln findet in einer kulturellen Überschneidungssituation statt, in der gewohnte, eigenkulturell geprägte Verhaltensweisen, Denkmuster und Emotionen mit fremden, ungewohnten Verhaltensweisen, Denkmustern und Emotionen fremdkulturell geprägter Interaktionspartner zusammentreffen" (Thomas / Hagemann 1996: 175). Das Verhalten in dieser Situation ist weder vollständig der Kultur des Agierenden noch des Interaktionspartners zuzuschreiben, sondern ein Produkt verschiedenster Einflüsse. Brislin / Landis / Brandt (1983) stellen hierzu folgendes Modell auf (vgl. auch Abb. 9):[29]

Faktoren, die am entferntesten auf interkulturelles Verhalten wirken, sind Eigenschaften und Denkprozesse der Person, wie a) die Wahrnehmung von Rollen- und Normunterschieden (die bereits durch Erfahrungen mit der fremden Kultur beeinflusst worden sein kann), b) die 'trait anxiety' (Angst als Persönlichkeitsmerkmal: ängstliche Personen sehen eher von Handlungen ab, die ihr Niveau der Ängstlichkeit noch steigern), c) die Übereinstimmung von wichtigen Zielen und d) Kognitions-

[29] Die Universalität dieses Modells sei vorausgesetzt. Auf die Varianz der Einflüsse zwischen den verschiedenen Kulturen gehen Gudykunst / Kim (1992) ein.

und Wahrnehmungseigenschaften. Diese Faktoren fördern oder beeinträchtigen die Verhaltenssuche, d.h. die Suche nach Informationen und Interaktionen, die zum Erfolg des interkulturellen Kontakts beitragen. *„Behavioral seeking is an increase in receptivity for actions that cannot be explained by traditional causal attributions"* (Brislin / Landis / Brandt 1983: 6) und drückt sich z.B. in der Beschäftigung mit kulturellen Themen aus.

Verhaltenssuche und Bereitschaft zur Veränderung der Selbstwahrnehmung führen zu einem Wechsel in der Auffassung, was angemessene Rollen und Normen sind. Dabei wird zunehmend auf eine moralische Beurteilung von Verhalten verzichtet, und es können mehr Verhaltensweisen ins Repertoire aufgenommen werden, die situations- und kulturadäquat sind.

Die erlernte, angemessene Verhaltensweise wird um so eher produziert, desto niedriger die situationsbezogene Ängstlichkeit ('state anxiety' bezeichnet die Ängstlichkeit vor dem konkreten Auftreten der Interaktion) ist und desto öfter das beabsichtigte Verhalten imaginär schon abgespielt, d.h. geübt worden ist.

Nachdem ein bestimmtes interkulturelles Verhalten an den Tag gelegt worden ist, muss es von den Angehörigen der fremden und der eigenen Kultur positiv aufgenommen werden, damit es wiederholt und die Bereitschaft, das Selbstbild dahingehend abzuändern, gefördert wird.

Das Modell stellt mögliche Verbindungen zwischen verschiedenen Variablen und Verhalten dar und soll in diesem Zusammenhang als Grundstock zum weiteren Verständnis dienen. Denn durch die Spezifizierung der Einflussfaktoren kann für Trainings aufgezeigt werden, an welchen Punkten sie ansetzen müssen, um (wahrscheinlich) eine positive Veränderung im interkulturellen Verhalten beim Teilnehmer zu bewirken (Brislin / Landis / Brandt 1983: 3).

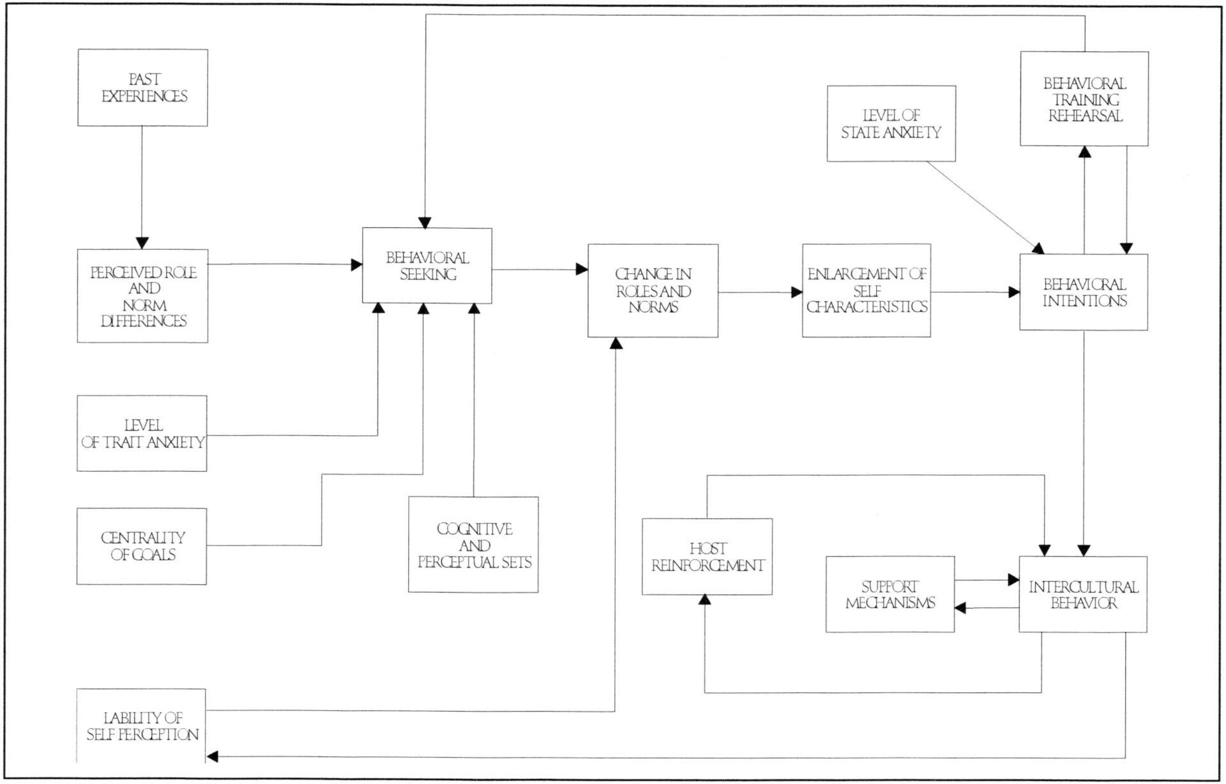

Abb. 9: Einflüsse auf interkulturelles Verhalten (Brislin / Landis / Brandt 1983: 4)

Der Nachteil besteht darin, dass die Zusammenhänge des Modells sehr komplex sind und in ihrer Ganzheit nicht empirisch nachgewiesen werden können.[30] Der größte Mangel m.E. liegt jedoch darin, dass das Modell die kulturelle Ebene ausblendet und rein auf individueller Basis argumentiert. Entscheidend für interkulturelles Verhalten sind aber ebenso kulturelle Gemeinsamkeiten und Unterschiede, die im obigen Modell den Persönlichkeitsmerkmalen und interkulturellen Kenntnissen hinzuzufügen wären.[31] Landis / Bhagat (1996) erkennen diesen Malus und fügen das Modell in ein Schema ein, das auch folgende Ebenen berücksichtigt (vgl. Abb. 10):

Auf der entferntesten Ebene befinden sich Variablen der kulturellen Variation bzgl. der objektiven Kultur,[32] die ihren Einfluss auf interkulturelles Verhalten über mehrere andere Variablen ausüben. Auf der nächsten Ebene verbinden sich Variablen der subjektiven Kultur (hier zählen die Autoren diverse Kulturdimensionen auf, die in den weiteren Kapiteln dieser Arbeit besprochen werden sollen, wie z.B. Individualismus und Kollektivismus) mit weiteren sozialpsychologischen Aspekten, die den Akteur bewusst oder unbewusst lenken. Als unmittelbar interkulturelles Verhalten beeinflussende Variablen werden die intrapsychologischen genannt, also persönlichen Eigenschaften eines Individuums, die bereits im ersten Modell erläutert worden sind.

---

[30] Einzelne Zusammenhänge können durchaus empirisch belegt werden (Landis / Bhagat 1996).

[31] Dann gilt auch folgendes: *„Interkulturelles Handeln findet statt in einem Kräftedreieck, bestehend aus den kulturellen Unterschieden (bedingt durch die verschiedenen Orientierungssysteme), den individuellen Unterschieden (bedingt durch Persönlichkeitsmerkmale und lebensgeschichtliche Entwicklung) und den vorhandenen interkulturellen Kenntnissen und Erfahrungen"* (Thomas / Hagemann 1996: 175).

[32] Landis / Bhagat folgen hiermit der Aufteilung von Osgood / May / Miron (1975) und Triandis (1972) in objektive Kultur, welche die Artefakte einer Kultur umfasst, und in subjektive Kultur, welche die sozialen Konstrukte von Beziehungen zwischen Menschen aus ihrer eigenen Sicht darstellt.

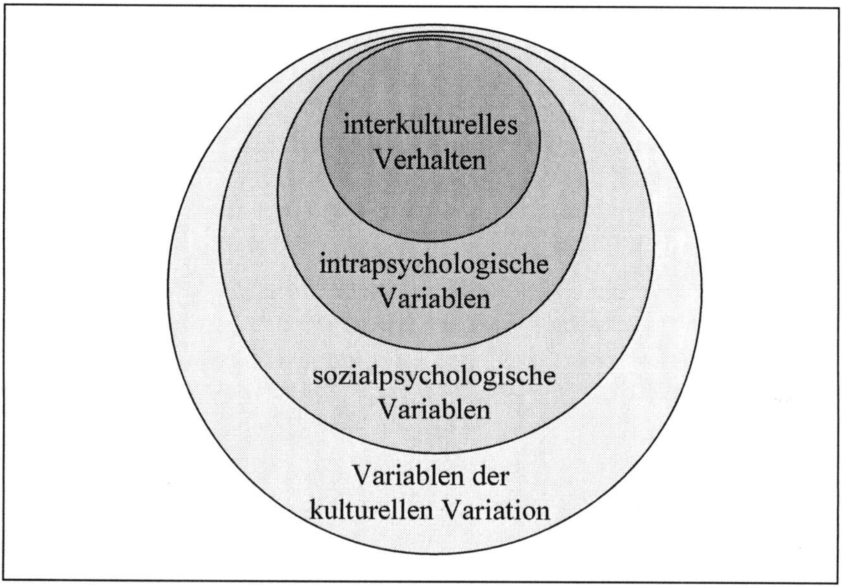

Abb. 10: Umfeld des interkulturellen Verhaltens (nach Landis / Bhagat 1996: 3)

Dieses Modell ist sehr grob, bietet aber einen anschaulichen Überblick über die wichtigsten Gruppen von verhaltensbeeinflussenden Variablen. Welche konkreten Probleme diese verschiedensten persönlichen und kulturellen Voraussetzungen in der interkulturellen Interaktion verursachen können, soll im folgenden Kapitel erläutert werden.

3.2 Problemfelder interkulturellen Verhaltens

Dadurch, dass das Verhalten eines Menschen stets von der eigenen Kultur geprägt ist, kommt es unweigerlich zu Konflikten, wenn er in Kontakt mit Mitgliedern anderer Kulturen tritt. Oft versteht er deren Äußerungen (verbaler oder non-verbaler Art) und Aktionen nicht oder falsch, so dass eine erfolgreiche Kommunikation und Zusammenarbeit erschwert wird. Probleme treten insbesondere in der interpersonalen Kommunikation auf (Stüdlein 1997):

a) Kulturelle Missverständnisse: Die Codierung und Decodierung von Bedeutungsinhalten erfolgt nach kulturellen Mustern, so dass immer wieder Fehlperzeptionen, -interpretationen und -evaluationen stattfinden, die aber als solche meist nicht erkannt werden.

b) Fundamentale Attributionsfehler: Als Attribution bezeichnet man die Ursachenzuschreibung zu beobachtetem Verhalten, um ihm so Sinn zu geben. Zu unterscheiden ist hier die interne Attribution (d.h. die Ursache des Verhaltens wird in der Persönlichkeit des Interaktionspartners gesehen) und die externe Attribution (d.h. die Ursache wird den äußeren Umständen, z.B. der Kultur, angelastet). Bei einem Attributionsfehler wird das Verhalten des Gegenübers als persönliches Merkmal anstatt eines kulturellen verstanden oder umgekehrt. Daraus resultiert eine falsche Reaktion und die Basis für zukünftige Attributionsfehler. Bei fehlerhafter externer Attribution kann ein Stereotyp entstehen:

c) Stereotype: *„Stereotype sind solche mentalen Kategorien, welche das vorhandene Wissen über und die Erwartungen an Menschen mit Zugehörigkeit zu bestimmten sozialen Gruppen, wie z.B. ethnischen oder nationalen Gruppen, organisieren"* (Stüdlein 1997: 103). An für sich sind Stereotype nicht negativ zu beurteilen, denn sie dienen dazu, die Komplexität der Wirklichkeit zu reduzieren, und dem Individuum somit die Wahrnehmung, das Denken und Handeln zu vereinfachen (Lehrstuhl für Sprachwissenschaft II o.J. a). Doch wenn sie ohne Prüfung Personen zugeschrieben werden und noch dazu abschätzige Attribute beinhalten, verzerren sie die Wirklichkeit und erschweren das Miteinander.

Durch die eben genannten kommunikativen Probleme entstehen bei der betroffenen Person Enttäuschung, Unzufriedenheit, Verhaltensunsicherheit, Stress, Frustration und Ablehnung, was zu Interaktionsstörungen bzw. Konflikten mit Personen der anderen Kultur bis hin zu Handlungsunfähigkeit und Rückzug führt.

Obwohl zu dieser Problematik zahlreiche Studien und empirische Beweise vorliegen, wird sie im Managementbereich noch nicht voll anerkannt.[33] Es fehlte vor allem in der Vergangenheit an Sensibilität für den Faktor Kultur; es zählten 'harte Fakten'. Die Existenz von Kulturunterschieden wurde zwar akzeptiert, doch nicht ihre Relevanz für unternehmerisches, 'rationales' Handeln (vgl. ausführlich Stüdlein 1997: 69-81). So wurden Mitarbeiter oft ohne jegliche Vorbereitung auf die fremde Kultur ins Ausland geschickt, und bis zum heutigen Tage treten obige Probleme auf. Besonders eindringlich schildern dies Thomas / Hagemann: *„Leben und Arbeiten in einer unvertrauten kulturellen Umwelt kann Angst, Verwirrung, Desorientierung und depressive Reaktionen zu Folge haben. In extremen Fällen - besonders, wenn der Auslandsaufenthalt erzwungen wird, keine Rückzugsmöglichkeiten in die vertraute Kultur bestehen oder eine Reintegration mit noch höheren Belastungen verbunden ist - treten psychosomatische Erkrankungen auf, es kann zu einer sozialen Isolation und zu Feindseligkeit gegenüber der Gastkultur kommen"* (1996: 177).

Doch nicht nur für die jeweils betroffene Person haben Misserfolge, die aus dem Kulturschock oder einer dauerhaften fehlerhaften Anpassung resultieren, negative Konsequenzen: Landis / Bhagat behaupten, dass *„fewer than 50% of American overseas managers are successful in completing their assignments"* (1996: 2). Dass diese Misserfolge auch erhebliche finanzielle Kosten für die Unternehmung darstellen, liegt auf der Hand. Materielle Einbußen können zusätzlich entstehen, wenn Mitarbeiter aus dem Ausland in die einheimische Belegschaft nicht effektiv integriert werden. Die größten Fehlschläge schließlich können bei Unternehmensfusionen und -allianzen beobachtet werden: *„Auch wenn bislang empirische Belege weitgehend fehlen, schätzen Experten den Anteil gescheiterter Allianzen auf Grund kultureller Aspekte auf bis zu 70 Prozent"* (Stüdlein 1997: 82). Wie darauf reagiert werden kann, soll im folgenden Kapitel *3.3 Ziele interkultureller Trainings* erläutert werden.

---

[33] Zur derzeitigen Entwicklung der Akzeptanz der Kulturproblematik durch Manager und Mitarbeiter verweise ich auf die aktuellen Daten aus den Interviews, die im Kapitel 8.5 dargestellt werden.

3.3 Ziele der interkulturellen Trainings

Wie aus den Modellen in Kapitel 3.1 ersichtlich, spielen eine große Anzahl an Faktoren in das menschliche Verhalten mit ein, ohne dass sich der Akteur deren bewusst ist. Deshalb müssen zu Eigenschaften wie gutem Willen, Offenheit und Sensibilität gewisse Fertigkeiten zur Handhabung von kulturellen Unterschieden hinzukommen (Stüdlein 1997). Diese werden am besten in einem interkulturellen Training geschult, das im Idealfall nicht nur die Eigenheiten einer Kultur oder einer Organisation doziert, sondern auch vermittelt, wie kulturelle Differenzen im interkulturellen Kontakt zum Tragen kommen und wie man auf sie reagieren soll. Es darf keine *„chamäleonsartige Anpassung"* (Interview mit Moosmüller) an die fremde Kultur gelehrt werden, sondern eine Synergie aus dem eigenen und fremden Orientierungssystem ohne Aufgabe der eigenen Identität.[34] Interkulturelle Trainings werden für Mitarbeiter von Organisationen eingesetzt,[35] die im Kontakt mit anderen Kulturen stehen, sei es auf Grund

- einer Auslandstätigkeit (dann werden auch oft Familienangehörige miteinbezogen),
- von Mitarbeit in einem multikulturellen Team oder einer multikulturellen Belegschaft,
- von Umgang mit fremdkulturellen Menschen im eigenen Land (z.B. mit ausländischen Kunden / Patienten / Behördenbittstellern),
- von Geschäftsverbindungen ins Ausland (z.B. im Vertrieb) oder
- strategischer Überlegungen bzgl. Übernahmen und Fusionen mit ausländischen Unternehmen.

Was kann ein interkulturelles Training dabei bewirken? Folgendes:

---

[34] Dies ist allerdings ein schwieriges Unterfangen! Ob es immer gelingt, ist noch nicht ausreichend untersucht worden. Zur bisherigen Evaluation von interkulturellen Trainings vgl. beispielsweise Blake / Heslin / Curtis (1983).

[35] Interkulturelle Trainings werden auch für Privatpersonen angeboten, doch in weit gemindertem Umfang. Teilnehmer hieran wären beispielsweise anderskulturelle Ehe- oder Beziehungspartner, Schüler zur Vorbereitung auf einen Austausch, etc.

Interkulturelles Training... ... verhilft zu einer effizienten Kommunikation. ... hilft bei Stress, der bei interkulturellen Kontakten auftritt. ... ermöglicht es, zwischenmenschliche Beziehungen zu Personen mit anderskulturellem Hintergrund zu entwickeln und zu erhalten. ... ermöglicht es den Mitarbeitern, die Aufgaben zu erfüllen, wegen denen sie in die neue Umgebung geschickt wurden.

Abb. 11: Ziele interkulturellen Trainings (nach Cushner / Landis 1996)

Das Oberziel ist die Vermittlung von interkultureller Kompetenz, die sich aus zwei Komponenten zusammensetzt, nämlich der Kulturbewusstheit[36] und der interkulturellen Handlungskompetenz. Dies sind zumeist auch die zwei grundlegenden Bausteine interkulturellen Trainings: Zuerst gilt es, *„Bewusstsein für eigene kulturelle Prägung [zu] schaffen oder [zu] vertiefen"* (Bittner / Reisch 1994: 196), damit die Trainingsteilnehmer erkennen, dass ihr Leben geprägt ist durch kulturelle Einflüsse, dass sich ihre Kultur in einer spezifischen Umwelt gebildet hat und dass in anderer Umgebung andere optimale Lösungen existieren (Albert 1996). Daraus ergeben sich nach Harris / Moran (1991) interkulturelle Fähigkeiten, wie z.B. Respekt dem anderen gegenüber - Zurückhaltung in moralischen Beurteilungen / Werturteilen - Fähigkeit, sich in andere hineinzuversetzen - Flexibilität in der Art und Weise zu arbeiten - Zeigen, dass man auf Andere eingeht - Toleranz von Ambiguität.

Die Schaffung von interkultureller Handlungskompetenz im zweiten Teil des Trainings vollzieht sich in den Bereichen Kognition, Emotion und Verhalten. Im kognitiven Bereich soll eine *„Orientierung über wesentliche Konzepte und Vorgehensweisen der fremden Kultur"* (Bittner / Reisch 1994: 197) gegeben werden in Form von Wissen über:

---

[36] 'Kulturbewusstheit' ist die etwas hölzerne deutsche Bezeichnung für das elegantere englische 'cultural awareness'.

1. Normen für verschiedene Arten von sozialen Situationen;
2. Unterschiedlichkeit von Rollen und Rollenwahrnehmung;
3. Selbstkonzepte, die in der fremden Kultur vorherrschen;
4. Verhalten, das in der fremden Kultur geschätzt oder abgelehnt wird, und die angemessene Amplitude von Verhalten in verschiedene Situationen;
5. Ursprünge und Konsequenzen von Verhalten der anderen Kultur;
6. die Stärke der Verbindung von Verhalten mit 1) Normen, 2) Rollen, 3) Affekt 4) Zielen in der fremden Kultur.

Abb. 12: Zu vermittelndes kognitives Wissen (nach Triandis 1983: 85)

Brislin / Landis / Brandt (1983) sichteten eine Vielzahl von empirischen Studien und fanden Belege zu folgenden kognitiven Veränderungen bei Personen, die an einem interkulturellen Training teilgenommen haben im Unterschied zu solchen ohne Training:[37]

1. besseres Verständnis der anderen Kultur;
2. Reduktion negativer Stereotype;
3. komplexeres Denken und mehr Wissen über die andere Kultur;
4. Erhöhung von 'world-mindedness' und mehr Wissen über die eigene Kultur.

Abb. 13: Kognitive Veränderungen (nach Brislin / Landis / Brandt 1983 nach Albert / Adamopoulos 1980, Landis / Tzeng 1981, Malpass / Salancik 1977, Landis / Day / McGrew / Miller / Thomas 1976, Steinkalk / Taft 1979)

Die *„emotionale Umbewertung des Fremden [zu] ermöglichen“* (Bittner / Reisch 1994: 198) stellt die affektive Aufgabe des interkulturellen Trainings dar. Die eigenen Werte sind emotional besetzt, d.h. alles Fremde wird meist als schlechter erachtet und abgelehnt, obwohl

[37] Diese stellen keine garantierten Ergebnisse eines interkulturellen Trainings dar, sondern potentielle Vorteile, die aus einem sorgfältig und gut durchgeführten interkulturellen Training resultieren können. Wie dieses aussehen soll, wird in Kapitel *3.4 Inhalte, Methoden und Instrumente von interkulturellen Trainings* erläutert.

es in seiner Umgebung eine optimale Lösung darstellt. Um das zu erkennen, muss die Selbsterfahrung eigener kultureller Gebundenheit stattfinden (Krewer 1994: 42), Persönlichkeitsmerkmale und Einstellungen wie Empathie, Offenheit, Unvoreingenommenheit und Toleranz entwickelt und der Umgang mit Unsicherheit und Ambiguität erlernt werden (Stüdlein 1997: 319). Die Konsequenz eines affektiven Trainings ist:

1. mehr Freude im Umgang mit Einheimischen;
2. eine Steigerung des Gefühls, dass man gute Arbeitsbeziehungen mit den Einheimischen hat;
3. dass man die Pflichterfüllung im Ausland genießt.

Abb. 14: Affektive Veränderungen (nach Brislin / Landis / Brandt 1983 nach Randolph / Landis / Tzeng 1977, Hulgus / Landis 1981, Fiedler / Mitchell / Triandis 1971, Gudykunst / Hammer / Wisemann 1977)

Als letzter Punkt ist die Verhaltenskomponente zu nennen: Hier steht im Vordergrund die Entwicklung der *„Fähigkeit der Teilnehmer [...], in interkulturellen Interaktionssituationen angemessenes und effektives Verhalten zu zeigen, indem die hierzu notwendigen Kenntnisse vermittelt und ein entsprechendes Verhalten geübt wird"* (Stüdlein 1997: 319). Man muss es den Teilnehmern ermöglichen, Verhalten nach fremden Mustern auszuprobieren, z.B. in den Bereichen Kommunikation, Problemlösung, Stressbewältigung, Informationsbeschaffung und Konfliktmanagement (Krewer 1994: 42). Das Einüben von angemessenem Verhalten dient der Sicherheit und dem Selbstbewusstsein des Trainingsteilnehmers, der nun nicht nur den Inhalt und die Sequenzen der Verhaltensweise kennt, sondern auch weiß, dass er diese beherrscht. Daraus resultieren

1. bessere zwischenmenschliche Beziehungen in multikulturellen Arbeitsgruppen;
2. bessere Anpassung an den Alltagsstress in einer anderen Kultur und bessere Arbeitsergebnisse;
3. mehr Leichtigkeit im Umgang mit Inländern aus Sicht der Inländer;
4. Hilfe beim Setzen und Erreichen von eigenen Zielen bzgl. besseren Beziehungen zu Einheimischen.

Abb. 15: Veränderungen im Verhalten (nach Brislin / Landis / Brandt 1983 nach Fiedler / Mitchell / Triandis 1971, Fiedler / Mitchell / Triandis 1971 mit Bezug auf O'Brien / Fiedler / Hewlett 1971, Randolph / Landis / Tzeng 1977; Hulgus/ Landis 1981, Katz 1977)

Es wird deutlich, dass es bei interkulturellen Trainings um mehr geht als bloße Verhaltensänderung. Das Einstudieren des richtigen Verhaltens ist zwar wichtig, doch kann es nicht die gedankliche Vorbereitung ersetzen. Denn erst durch das Verständnis der tieferen Strukturen einer Kultur kann in der jeweiligen Situation und bei den jeweiligen Interaktionspartnern korrektes Verhalten an den Tag gelegt werden.

3.4 Inhalte, Methoden und Instrumente von interkulturellen Trainings

In Praxis und Theorie wurden eine Vielzahl von interkulturellen Trainings entwickelt, die je nach 'Erfinder', Zielgruppe und angestrebte Kontaktform mit anderen Kulturen (Krewer 1994) unterschiedliche Schwerpunkte aufweisen.[38] Grundsätzlich kann man Trainings nach ihren Zielen (vgl. Kapitel 3.3), Inhalten und Methoden unterscheiden. Inhalte können auf der einen Seite kulturallgemeiner Art sein, d.h. generelle Informationen zum Phänomen Kultur (Kulturkonzepte,

[38] Es wird allerdings (noch) nicht differenziert nach der Kultur der Trainingsteilnehmer: Ob ein interkulturelles Training weltweit anwendbar ist, wurde bisher nicht erforscht (Barrett / Bass 1990: 1671).

Kulturgebundenheit menschlichen Verhaltens, etc.) umfassen und meist mit dem Ziel der Generierung von Kulturbewusstheit verbunden sein. Auf der anderen Seite findet man kulturspezifische Inhalte, die sich auf die Ausprägungen einer speziellen Kultur beziehen und den Teilnehmern Handlungskompetenz im Umgang mit Angehörigen dieser Kultur antrainieren sollen.

Die Methoden lassen sich einteilen in didaktische und experimentelle. Erstere basieren auf Lernen durch Anweisung: Es wird versucht, Wissen und Verhaltensweisen über das intellektuelle Verständnis der Trainingsinhalte beim Teilnehmer zu generieren (Stüdlein 1997). In der Verwendung von Vorträgen, Büchern, Artikeln und anderen Druckmaterialien ist deutlich die kognitive Orientierung zu erkennen. Experimentelle Methoden hingegen propagieren Lernen durch Eigenerfahrung, d.h. sie sind erlebnisorientiert und beziehen stark die Verhaltenskomponente mit ein. Damit verbundene Instrumente sind Rollenspiele, Simulationen, Bearbeitung und Diskussion von Fallbeispielen, etc., die hauptsächlich der Vermittlung von Handlungswissen dienen (Flechsig 1998a). Auf Grund dieser Unterscheidungen kann folgende Kategorisierung von interkulturellen Trainings erstellt werden (vgl. Abb. 16):

Quadrant I: Kulturallgemeine, experimentelle Trainings stellen das persönliche Erfahren des Teilnehmers in den Mittelpunkt, um Kulturbewusstheit zu entwickeln und damit die Fähigkeit zur interkulturellen Kommunikation mit Angehörigen aller Kulturen zu steigern. Beispiele spezifischer Trainingsarten dieses Bereichs sind Sensibilisierungstrainings, interkulturelle Workshops und kulturallgemeine Simulationsspiele.

Quadrant II: Kulturspezifische, experimentelle Trainings bestehen aus realem oder simuliertem Zusammentreffen der eigenen und der fremden Kultur, um die Trainingsteilnehmer für die fremde Kultur zu sensibilisieren. Ein Beispiel hierfür wäre die Diskussion eines realen Konflikts, den ein Teilnehmer mit der anderen Kultur verspürt.

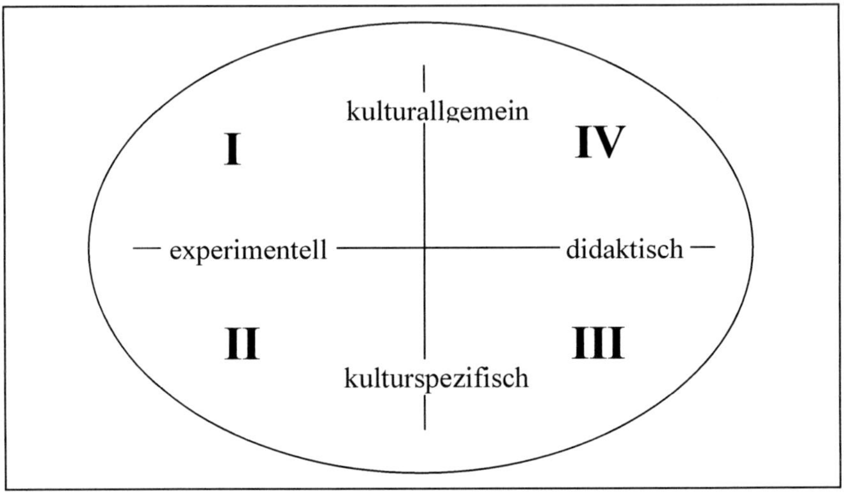

Abb. 16: Kategorien interkultureller Trainings (nach Gudykunst / Hammer 1983, Gudykunst / Guzley / Hammer 1996)

Quadrant III: Kulturspezifische, didaktische Trainings bezeichnen solche Formen, bei denen in Lehrform spezielle Informationen zu der anderen Kultur gegeben werden. Hierunter würden Vorträge zu fremdkulturellen Werten u.ä. fallen, aber auch Landeskunde, Sprachkurse, etc.

Quadrant IV: Kulturallgemeine, didaktische Trainings bestehen aus Kursen, Vorträgen oder Literatur zu allgemeinen interkulturellen Thematiken, wie z.B. die vorliegende Arbeit.

Eine Methode oder ein Instrument schult jeweils eine spezielle Fähigkeit, die erst in der Zusammensetzung mit anderen Fähigkeiten interkulturelle Kompetenz ergibt. Zwar ist in einem interkulturellem Training meist eine Schwerpunktsetzung innerhalb der Methodik zu beobachten, doch idealerweise wird keine Ziel- oder inhaltliche Komponente ganz ignoriert. So besteht ein Training üblicherweise aus einer kulturallgemeinen Einführung und Sensibilisierung und aus einem kulturspezifischen Vertiefungsteil. Wichtig ist in jedem Fall die Übermittlung eines Orientierungsmusters zur Strukturierung des kulturellen Wissens, das nicht in einer losen Ansammlung verschiedener Exempel zu kulturellen Unterschieden belassen werden darf, aus denen die Trainingsteilnehmer keine Schlüsse ziehen können (Bittner / Reisch 1994). Das Orientierungssystem dient folgenden Zwecken:

1. Erschließung der inneren Logik der fremden Kultur;
2. kritische Reflektion von spezifischen Kontextsitutationen und der den Regeln zugrundeliegenden Struktur;
3. angemessene und effiziente Übertragung von Wissen auf Situationen;
4. Integration von im Training gemachten und späteren realen Erfahrungen in die kognitive Struktur;
5. Antizipation und effiziente Handhabung von Kulturunterschieden;
6. Nutzung kultureller Synergien

Abb. 17: Notwendigkeit eines Orientierungsrahmens (nach Stüdlein 1997: 322)

Erwähnenswert sind spezielle Techniken, die sich nicht in die obigen Schemata einteilen lassen, wie z.B. der Ansatz der Kontrastkultur: Die eigene wird mit einer fremden Kultur verglichen, um kulturelle Unterschiede zu erkennen, zu analysieren und Konsequenzen für das eigene Handeln zu verinnerlichen (siehe z.B. Reisch 1991). Sehr verbreitet sind auch Kulturassimilatoren: Es werden mehrere kritische Interaktionen (‘critical incidents’) mit der fremden Kultur dargestellt, zu denen der Trainingsteilnehmer jeweils die richtige von mehreren vorgegebenen Lösungen finden muss. Dazu bekommt er ein ‘feedback’ mit der Begründung der Richtigkeit oder der Falschheit seiner Antwort (siehe z.B. Fiedler / Mitchell / Triandis 1971 oder Thomas 1989).

Es müssen auch die Grenzen von interkulturellen Trainings gesehen werden: Sie sind keine Garantie für eine reibungslose interkulturelle Zusammenarbeit - es werden immer Missverständnisse und Konflikte im tatsächlichen Kontakt auftauchen, schließlich ist der Mensch keine programmierbare und unfehlbare Maschine (Stüdlein 1997). Eine Gefahr, die durch die Stilisierung von Kultur innerhalb interkultureller Trainings hervorgerufen wird, hebt Krewer hervor: *„Der Partner oder die Partnerin wird nicht mehr als Person erlebt, sondern als Vertreter* *einer kulturellen Gruppe und wird entsprechend stereotyp behandelt. Erlernte Kulturstandards werden zu einem Stereotypraster, das den jeweiligen Gegenüber zu einem kulturabhängigen Gruppenprototyp erstarren lässt und seiner Individualität und damit auch kommunikativen Kompetenz beraubt*" (1994: 36). Interkulturelle Trainings sollten also immer die Vermittlung der Fähigkeit, mit eigenen und fremden kulturellen Regelsystemen flexibel umzugehen, im Auge behalten.

4. Kulturerfassungsansätze und ihr Zusammenhang zu interkulturellen Trainings

4.1 Was sind Kulturerfassungsansätze (KEA)?

In den letzten Kapiteln wurde versucht, die Komplexität des Phänomens 'Kultur' zu verdeutlichen: Kultur zieht sich durch sämtliche Lebensbereiche und zeichnet sich verantwortlich für eine Vielzahl von Unterschieden zwischen Menschen. Im Kontakt verschiedenkultureller Personen werden besonders Divergenzen im Verhalten deutlich. Diese lassen sich auf eine Anzahl weiterer kultureller Variablen zurückführen, die jedoch nicht so einfach zu beobachten sind wie Verhalten.[39] Die Aufgabe der Identifikation, Erfassung und Erläuterung dieser Variablen fällt den Kulturerfassungsansätzen (KEA) zu. Diese stellen Modelle dazu dar, wie Ausprägungen verschiedener Kulturen als solche erkennbar und begreifbar gemacht werden können. Dazu werden Kriterien aufgestellt, *„mit denen Kulturen analysiert und hinsichtlich ihrer Unterschiede beschrieben werden können“* (Klimecki 1996: 343). Beispiele für solche Kriterien wären Dimensionen (z.B. hoher - niedriger Individualismus, Hofstede 1984), Kategorien (z.B. dionysisches - appollonisches Verhalten, Benedict 1977), Kulturstandards (z.B. Hierarchie, Höflichkeit, Distanzregulation und Harmoniestreben, Thomas 1991), Lebensbereiche (z.B. Wirtschaft, Politik und Erziehung, Hall

---

[39] Vgl. Scheins Kulturebenen in Kapitel *2.2.1 Anthropologische Kulturebenen.*

1959), kulturelle Skripte (Flechsig 1998b), Symbole (Cray / Mallory 1998), usw.

Welche Kriterien aber die wichtigen sind, hängt vom Kulturkonzept des jeweiligen Wissenschaftlers ab, von dem, was er als konstitutive Elemente einer Kultur ansieht. So können sich KEA auf Basisannahmen, Werte, Perzeptions- und Denkstile, Orientierungssysteme usw. beziehen - wobei Werte die beliebtesten Untersuchungsobjekte sind. Entsprechend divers sind die Erkenntnisziele, Erfassungsmethoden und Anwendungsbereiche des erworbenen Wissens. Dies kann aber kaum verwunderlich sein, wenn man den jeweiligen wissenschaftlichen Ursprung der einzelnen KEA betrachtet: Einige stammen aus der interkulturellen Psychologie, andere aus der Ethnologie und wieder andere aus der internationalen Betriebswirtschaftslehre. Im Kapitel *5. Darstellung ausgewählter Kulturerfassungsansätze* wird eine detaillierte Systematisierung von KEA angeführt; hier möchte ich nur auf das gravierendste Unterscheidungsmerkmal eingehen, das darauf beruht, welcher Forschungsansatz vom Wissenschaftler gewählt wurde (vgl. Kapitel *2.3 Kontroverse Forschungsansätze und deren Konsequenzen*). KEA im Sinne des analytischen Forschungsansatzes stellen etische Erfassungskategorien dar. Das bedeutet, dass universale Kriterien auf Kulturen angewandt werden, um sie zu analysieren und darzustellen. Meist erfolgt dies im Messen von Eigenschaften, die eine Kultur mehr oder weniger aufweist, um sie mit dem Rangplatz anderer Kulturen vergleichen zu können. KEA des interpretativen Forschungsansatzes hingegen sind idiographischer Art: Sie versuchen durch Einnahme der emischen Sichtweise eine Kultur mit ihr eigenen Kategorien zu erfassen, darzustellen und vor allem zu verstehen. Wozu etische als auch emische KEA nötig sind, soll im folgenden Kapitel erklärt werden:

4.2 Notwendigkeit von Kulturerfassungsansätzen

In allererster Linie erbringen die Ergebnisse von KEA den Beweis, dass kulturelle Unterschiede existieren. Dies ist u.a. wichtig im Hinblick auf die Führung von Organisationen: Universale Theorien zu Management, Führung, Organisationsstrukturen, etc. im Sinne der 'culture free' These sind dementsprechend nicht haltbar, genauso wenig wie die beliebige Übertragbarkeit von westlichen Managementtheorien auf andere Länder. Die Notwendigkeit der Berücksichtigung von kulturspezifischen Besonderheiten für den Erfolg von internationalen Organisationen wird offensichtlich (Hofstede 1984, 1996).

Die verschiedenen Arten von KEA zeigen die Diversität von kulturellen Variablen und des Phänomens Kultur auf. Möchte man nun eine allumfassende Kulturtheorie für Verhalten schaffen, geben die KEA Ansatzpunkte für darin einzubeziehende Aspekte. Triandis versucht dies, indem er die Kriterien sämtlicher KEA in einem 'theoretical framework' für soziales Verhalten integriert.[40] Doch auch schon einzelne KEA reichen aus für die Aufstellung spezieller Theorien: Einige der Ergebnisse zu kulturellen Ausprägungen (z.B. zu Individualismus) stellen bereits die Grundlage für Theorien der Betriebswirtschaftslehre und der Psychologie.[41]

Außerhalb der Wissenschaft stellen KEA Informationsquellen und Orientierungssysteme für Management und Organisationsmitarbeiter dar, die im Kontakt mit anderen Kulturen stehen. Es kommt für sie darauf an, *„sich Verständnisformen der fremden Kulturen möglichst weitgehend erschließen zu können"* (Klimecki 1996: 343). Durch die Erfassung kultureller Unterschiede kann offengelegt werden, an welchen Punkten Management und Organisation auf die jeweilige Kultur angepasst werden müssen. Von manchen der KEA kann man sogar Handlungsempfehlungen ableiten,[42] wie Mitarbeiter sich Angehörigen anderer Kulturen gegenüber zu verhalten haben (Stüdlein 1997).

---

[40] Diesen theoretischen Rahmen findet man bei Triandis 1981 und 1984.

[41] Vgl. beispielsweise 'Individualism and Collectivism. Theory, Method, and Applications' von Kim / Triandis / Kâgitçibasi / Choi / Yoon (1994).

[42] Dies ist zumindest der offizielle Anspruch einiger Wissenschaftler. Inwiefern dies tatsächlich geleistet werden kann, wird in Kapitel *6. Theoretische Würdigung der Kulturerfassungsansätze* diskutiert.

Über die Qualität der wissenschaftlichen Ergebnisse von KEA kann man zwar diskutieren, doch auf jeden Fall bewirken sie eine Beschäftigung auch des Managements und der Organisationsmitarbeiter mit dem Thema der Kulturgebundenheit und erwecken auf diese Weise Verständnis für die Andersartigkeit ihrer Mitarbeiter. Dies erfolgt natürlich nur dann, wenn wissenschaftliches Wissen Praktikern zugänglich und verständlich gemacht wird: *„We need to share our assumptions about the impact of culture in ways non-academics can understand“* (Leeds-Hurwitz im Interview mit Kandath 1998). Der Zugang kann über Managementliteratur erfolgen - ein bekanntes Beispiel ist Trompenaars' „Handbuch globales Managen. Wie man kulturelle Unterschiede im Geschäftsleben versteht“ (1993) - oder über Integration in interkulturelle Trainings, wie im folgenden Kapitel beschrieben.

4.3 Einbindung von Kulturerfassungsansätzen in interkulturelle Trainings

„Through cross-cultural experiences, we become more broadminded and tolerant of cultural 'peculiarities'. When this is coupled with some formal study of the concept of culture, we not only gain new insights for improving our human relations, but we become aware of the impact of our native culture upon us“ (Harris / Moran 1991: 218). Die explizite Darstellung der Kulturproblematik kann wie folgt in die schrittweise Generierung von Kulturbewusstheit integriert werden:

1. Aneignung von Kenntnissen zum Kulturkonzept und ein daraus resultierendes Verständnis des Kulturphänomens;
2. Aneignung von Kenntnissen über von der kulturvergleichenden Forschung ermittelten Dimensionen kultureller Unterschiede;
3. Generierung einer kulturellen Selbstbewusstheit.

Abb. 18: Generierung von Kulturbewusstheit (Stüdlein 1997: 188)

Mit Punkt 2 stellt Stüdlein auf die Kriterien und Ergebnisse der (etischen) KEA ab, genauso gut können aber auch emische KEA hierzu verwendet werden. Eine Wissensvermittlung, wie in Punkt 1 und 2 propagiert, würde der kognitiven Komponente entsprechen, die auf zwei Arten in interkulturelles Training eingefügt werden kann: Entweder hält der Trainer einen Vortrag, in dem er verschiedene KEA erläutert. Dabei kann er mehrere Kulturen einbeziehen und diese anhand der vorgelegten Kriterien vergleichen, oder er erörtert lediglich Ausprägungen einer einzelnen Kultur, um zugleich kulturspezifische Informationen zu vermitteln. Die zweite Art wäre die Implizierung des kognitiven Orientierungsrahmens in das gesamte Training, indem der Trainer nach der Anwendung von experimentellen Instrumenten immer wieder Kriterien der KEA einfließen lässt, um so eine Strukturierung des Wissens im Kopf des Trainingsteilnehmers zu bewirken (zur Notwendigkeit eines Orientierungsrahmens vgl. Kapitel 3.4).

Es wird deutlich, dass durch KEA nicht die affektive Komponente eines interkulturellen Trainings angesprochen werden kann. Es müssen andere Methoden herangezogen werden, damit das kognitiv erworbene Wissen zu einer Veränderung der Gefühle und Bewertungen führt. Zudem müssen 'richtige', d.h. in der angesprochenen Kultur adäquate Verhaltensweisen, vom Trainer präsentiert, bzw. bei den Trainingsteilnehmern entwickelt werden. Denn dies kann kaum allein durch die Kenntnis von Basisannahmen, Werten u.ä. bewirkt werden.

Punkt 3[43] kann auf kognitivem oder affektivem Weg durchgeführt werden. Für die Bewusstseinsmachung der eigenen Kulturbedingtheit wurden als affektive Methode Sensibilisierungsspiele entwickelt. Verfolgt der Trainer eine kognitive Methode, präsentiert er die Ergebnisse der Kriterien der KEA, die auf die eigene Kultur angewandt worden sind. Eine weitere Möglichkeit wäre, Fremdbilder über die eigene Kultur darzustellen (aus der Literatur oder der Erfahrung des Trainers) und Selbstbilder von den Trainingsteilnehmern zu ihrer Kultur abzufra-

---

[43] Punkt 3 sollte m.E. vor Punkt 2 durchgeführt werden, denn erst muss die eigene Kulturbedingtheit klar sein, bevor man sich mit der allgemeinen Kulturbedingtheit aller Menschen auseinandersetzt.

gen. So kann erreicht werden, dass die Teilnehmer sich der Wirkung ihrer Kultur auf Andere bewusst werden.

5. Darstellung ausgewählter Kulturerfassungsansätze

5.1 Etische Kulturerfassungsansätze

5.1.1 Einleitung zu etischen Kulturerfassungsansätzen

Um Ausprägungen verschiedener Kulturen miteinander vergleichen zu können, muss gelten:

1. Die Kultur selbst und ihr Einfluss sind messbar.
2. Es existieren einheitliche kulturunabhängige Vergleichsmaßstäbe.
3. Es werden nur vergleichbare Subjekte unter vergleichbaren Bedingungen anhand vergleichbarer Instrumente miteinander verglichen.

Abb. 19: Voraussetzungen für die Vergleichbarkeit von Kulturen (nach Keller 1982: 277)

Kultur ist entsprechend Punkt 1 als ein „*multidimensionales, anhand einzelner operationaler Merkmale oder Variablen (indirekt) messbares Konstrukt*“ (Keller 1982: 282f) zu definieren und operationalisieren. Kultur wird messbar gemacht, indem jene Verhaltensweisen und sozialen Phänomene, die als kulturbedingt gelten, umgekehrt als Indikator für Kultur benutzt werden. So wird Kultur durch mehrere Merkmale beschrieben (z.B. geographische Lage, politische Organisation, Werte, Verhalten etc.), die eine Ausprägung quantitativer Art (Dimension) oder qualitativer Art (Kategorie) annehmen (Boesch / Eckensberger 1969). Das setzt die Existenz der Dimensionen oder Kategorien in den zu betrachtenden Kulturen und die funktionelle Äquivalenz der zu vergleichenden Konstrukte voraus (Punkt 2). Auf die funktionelle Äquivalenz muss entsprechend Punkt 3 zudem bei Untersuchungssubjekten, Forschungsinstrumenten, Untersuchungssituationen, etc. geachtet werden.

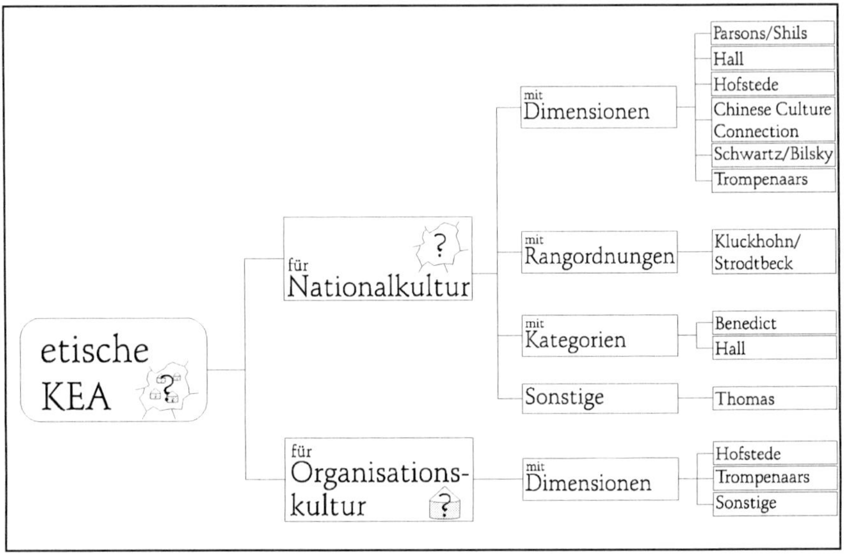

Abb. 20: Einteilung etischer KEA (eigene Erstellung)

„Die übernommene Trennung in Unternehmenskultur und Landeskultur entspricht [...] der in der Literatur weitestgehend vorgenommenen Unterscheidung, soll aber nicht andeuten, dass sich diese beiden Ebenen nicht unter Umständen durch sehr ähnliche Kategorien erschließen lassen" (Forstmann 1994: 22). An dieser Stelle sollen jedoch nur die speziell für Landes- oder Organisationskultur entwickelten KEA, und zwar chronologisch, angeführt werden, wobei der Schwerpunkt auf den Landeskulturen liegt. Eine weitere Untergliederung der KEA erfolgt durch die Einteilung nach Erfassungsart: Einige Ansätze messen Kulturen anhand von bipolaren Dimensionen und berechnen mathematische Indizes (Intervallskala). Andere lassen die zu untersuchenden Merkmale von den Untersuchungsobjekten in eine

Rangordnung bringen (z.B. Wert X ist wichtiger als Wert Y; Ordinalskala). Und wieder Andere sortieren Kulturen in verschiedene qualitative Kategorien (Nominalskala). Zur Veranschaulichung der Systematik vgl. Abb. 20.

5.1.2 Etische Kulturerfassungsansätze auf Ebene der Nationalkultur

5.1.2.1 Erfassung anhand von Dimensionen

5.1.2.1.1 Parsons / Shils: Pattern Variables (1951)

Als einer der ersten stellte der Soziologe Talcott Parsons in der Zusammenarbeit mit Edward Shils 1951 Dimensionen in Form von Werteorientierungen auf, die Verhalten erklären sollen. *„Parsons attempts to integrate the cultural, the social, and the individual level of analysis into a general theory of the social system based in the value-orientation pattern variables"* (Zavalloni 1980: 88). Dabei ist eine 'pattern variable' *„a dichotomy, one side of which must be chosen by an actor before the meaning of a situation ist determinate for him, and thus before he can act with respect to that situation"* (Parsons / Shils 1961: 77). Diese Wahl trifft der Akteur meist unbewusst, da sie bereits während der Sozialisation erlernt worden ist (Gudykunst / Kim 1992). Parsons / Shils behaupten, dass die nachfolgend erläuterten fünf 'pattern variables' ein System konfigurieren, das alle wichtigen Alternativen abdeckt (1961: 88).

affectivity - affective neutrality:[44] Affektivität bezeichnet die sofortige Befriedigung der Impulse, wobei der Akteur sich durch seine Emotionen lenken lässt. Bei affektiver Neutralität wird die Impulsbefriedigung auf Grund einer kognitiven Entscheidung in die Zukunft verschoben.

---

[44] Soweit wie möglich, werde ich die originalen (meist englischen) Namen der Dimensionen angeben, da die Übersetzung häufig nicht den Kern der Bedeutung trifft.

universalism - particularism: Wenn Personen Kategorisierungen ihrer Umwelt nach einem standardisiertem Muster vornehmen und entsprechend genereller Normen handeln, sind sie Vertreter des Universalismus nach dem Motto „gleiches Recht für alle." Wenn auf die jeweilige Situation und die persönlichen Eigenschaften des anderen Rücksicht genommen wird, spricht man von Partikularismus im Sinne von „jedem das Seine".

diffuseness - specificity: Spezifität bezeichnet den Vorgang, wenn nur ein spezieller Aspekt der anderen Person / des Gegenstands betrachtet wird, z.B. wenn ein Kellner nur als die Aufgabe, die er gerade erfüllt - nämlich kellnern - , wahrgenommen wird. Diffusität ist vorhanden, wenn eine Person / ein Objekt als Ganzes behandelt und so der Kellner als ganze Person gesehen wird (Gudykunst / Kim 1992).

ascription - achievement: Eine Zuschreibungsorientierung herrscht vor, wenn Beurteilungen und Erwartungshaltungen gegenüber Menschen auf Grund ihrer Gruppenzugehörigkeit (z.B. Kastenzugehörigkeit) oder Eigenschaften (z.B. Geschlecht) getroffen werden. Bei Leistungsorientierung wird der Andere nach seiner Leistung beurteilt.

self-orientation - collectivity-orientation: Hierunter fällt die Verfolgung privater oder kollektiver Ziele (siehe ausführlicher Hofstedes 'Individualismus - Kollektivismus' in Kapitel 5.1.2.1.3).

Das herausragende Merkmal dieses KEA besteht darin, dass er die individuelle, soziale und kulturelle Ebene als bestimmende Merkmale von Verhalten in einer Theorie vereint. Die fünf Dimensionen scheinen tatsächlich grundlegend zu sein, denn sie wurden in den letzten Jahrzehnten immer wieder aufgegriffen, oftmals empirisch bestätigt und in irgendeiner Form in fast jeden anderen KEA integriert.

5.1.2.1.2 Hall: Niedriger - hoher Kontext (1976)

Edward Hall entwickelte eine Vielzahl von Kriterien, anhand derer Kulturen auf der Ebene des Verhaltens zu erfassen sind (siehe auch Kapitel 5.1.2.3.3 und 5.1.2.3.4); eines davon ist die Unterscheidung von hohem und niedrigem Kontext der Kommunikation. Hall gibt folgende Definition: *„A high-context (HC) communication or message is one in which most of the information is either in the physical context or internalized in the person, while very little is in the coded, explicit, transmitted part of the message. A low-context (LC) communication is just the opposite; i.e., the mass of the information is vested in the explicit code"* (1976: 79). Damit die Botschaft eine Bedeutung erhält, muss die richtige Kombination von Kontext und Information erzielt werden (vgl. Abb. 21). Das Wissen über wieviel Information der Gesprächspartner verfügt, ist implizit in der Kultur verankert.

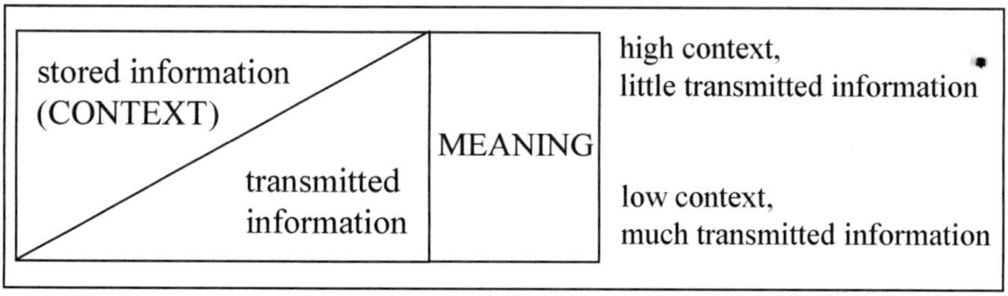

Abb. 21: Der Zusammenhang von Kontext, Information und Bedeutung (Hall 1983: 61)

Hall gibt diesem Konzept keine empirische Basis, er begnügt sich mit anekdotischer Veranschaulichung. Nichtsdestotrotz wurde es von vielen anderen Wissenschaftlern übernommen (siehe z.B. Trompenaars in Kapitel 5.1.2.1.6).

5.1.2.1.3 Hofstede: Work-Related Values (1980)

Den wohl bekanntesten KEA in Wissenschaft und Praxis lieferte Geert Hofstede 1980. Er sieht Werte als einen der *„building blocks of culture"* (Hofstede 1984: 21) und versucht anhand derer Kultur zu messen. Die dafür nötigen Wertedimensionen ermittelte er in einer empirischen Studie, bei der er in mehr als 50 Ländern 1968 und 1972 im multinationalen Unternehmen IBM 116.000 Fragebögen gesammelt hatte. Eine ökologische Faktoranalyse[45] ergab bei der Auswertung der Items vier Dimensionen. „*According to Hofstede, these correspond to core cultural values that influence the form of the social arrangements, institutions, customs, and practices of any given society*“ (Bochner 1994: 273). Die Dimensionen sind folgende:

individualism - collectivism: Unter Individualismus versteht Hofstede, dass eine Person sich ausschließlich um sich und ihre nahe Familie sorgt. Sie stellt eine eigene Einheit dar, die sich von der sozialen Umwelt abhebt und eigene Ziele verfolgt. Kollektivismus bedeutet dementsprechend, dass eine Person einer Gruppe angehört, die sich um sie kümmert und im Austausch Loyalität einfordert. Die Person geht im Kollektiv auf; gemeinschaftliche Ziele stehen über den eigenen (Hofstede / Bond 1984).

power distance: Machtdistanz wird definiert als das Ausmaß, in dem anerkannt wird, dass Macht ungleich verteilt ist, das heißt, inwieweit soziale Ungleichheit, Grad an Autorität einer Person über eine andere, sozialer Status, Vermögen, etc. geduldet und gutgeheißen wird (Hofstede / Bond 1984).

uncertainty avoidance: Unsicherheitsvermeidung beschreibt das Ausmaß, in dem sich Menschen durch unsichere Situationen bedroht fühlen und Glaubenssätze und Institutionen zu deren Vermeidung geschaffen haben (Hofstede / Bond 1984). Dies beeinflusst die Art und Weise einer Gesellschaft, mit Konflikten und Aggression umzugehen.

masculinity - femininity: In einer maskulinen Gesellschaft dominieren die Werte Erfolg, Leistung und materieller Wohlstand, in femininen Gesellschaften Mitmenschlichkeit und Lebensqualität (Hofstede / Bond 1984). Diese Dimension entscheidet über die Wichtigkeit von Geschlechterrollen und ihre Auswirkung auf das Selbstkonzept.

Für jedes Land ist pro Dimension ein mathematischer Index erstellbar, mit dem es auf einer Skala abgetragen und mit anderen Ländern

[45] Bei einer ökologischen Faktoranalyse werden Mittelwerte auf Landesebene ermittelt, um Aussagen über Eigenschaften der gesamten Kultur treffen zu können. Die Ergebnisse sind nicht auf Individuen anwendbar (Hofstede 1984; Dorfman / Howell 1988).

verglichen werden kann. Durch Kausalbeziehungen mit einer Vielfalt von Studien aus den unterschiedlichsten Diszplinen (Soziologie, Anthropologie, Geschichte, etc.) und geographischen bzw. wirtschaftlichen Faktoren (z.B. geographische Lage, Pro-Kopf-Einkommen, wirtschaftliches Wachstum) liefert Hofstede eine weitreichende Erklärung zur Höhe des Index und dessen Auswirkungen auf unterschiedliche Lebensbereiche (z.B. Familie, Autoritätssysteme, politisches Verhalten).[46] Kulturen werden dabei zu Clustern / Kulturregionen[47] zusammengefasst (siehe Abb. 22), die sich sowohl auf statistische Ergebnisse als auch auf historische Merkmale stützen.

Für jede Kombination von je zwei Kulturdimensionen bildet Hofstede ein Vierquadrantenschema (vgl. das Beispiel in Abb. 22), für deren vier Kategorien er Handlungsanweisungen für Manager (im Bereich Führung, Delegation, etc.) gibt.

Keine Studie wurde häufiger zitiert, kein Ansatz häufiger aufgegriffen, keine Untersuchung häufiger kritisiert als die Arbeit Hofstedes.[48] Ein derartig groß angelegtes und quantitativ ausgerichtetes Projekt[49] musste wohl Gehör finden, und darin liegt auch sein wichtigster Beitrag: Manager wurden auf den Faktor Kultur aufmerksam (Schmid 1996), und es wurde ihnen die Kulturgebundenheit von sowohl menschlichem Verhalten als auch Managementtheorien vorgeführt (Cray / Mallory 1998).

Durch die eingängige visuelle Gestaltung im Vierquadrantenschema werden kulturelle Unterschiede auch dem Nichtwissenschaftler deutlich. The Chinese Culture Connection meint außerdem: *„Such operationalizations of the culture concept are essential if the discipline is*

---

[46] Die von Hofstede betrachteten Werte sind also nicht nur 'arbeitsbezogen'.

[47] Das 'Clustern' verschiedener Kulturen ist unter einigen Wissenschaftlern äußerst beliebt. Ronen / Shenkar listen eine Vielzahl deren Studien auf, um die Existenz von Kulturregionen zu verdeutlichen (1985).

[48] Einen ausführlichen Überblick über Art und Häufigkeit von Reaktionen auf Hofstede gibt Sondergaard (1994).

[49] Sowohl die Größe der Stichprobe als auch die regionale Abdeckung sind einmalig geblieben (Cray / Mallory 1998: 50).

ever to build a theoretical structure for explaining cross-cultural differences in behavior" (1987: 144).

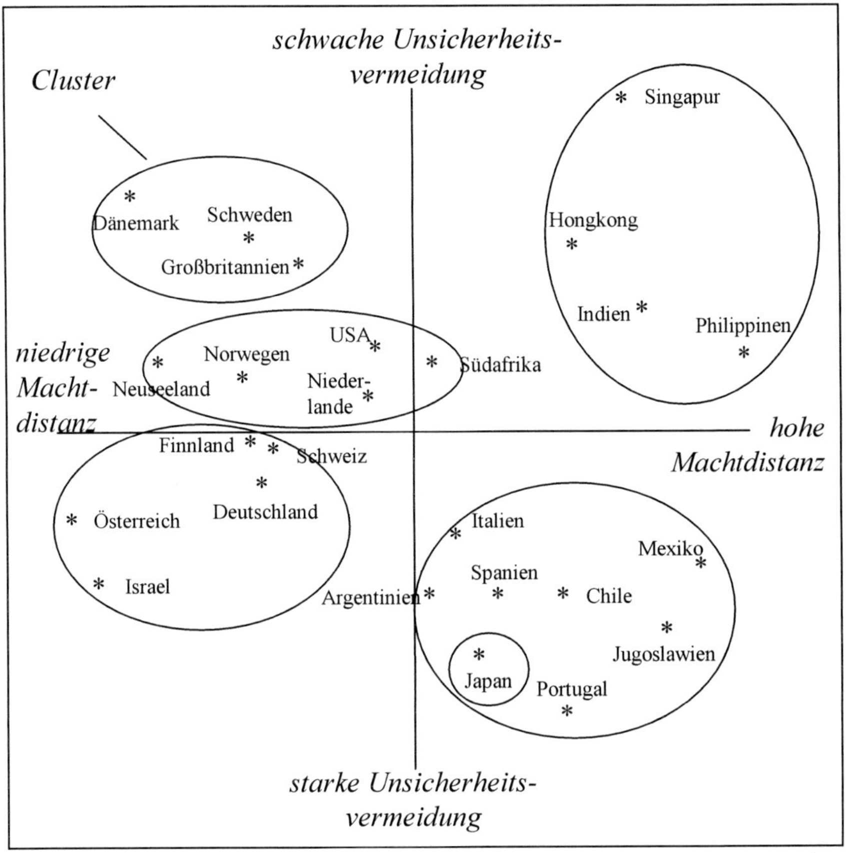

Abb. 22: Vierquadrantenschema zu Unsicherheitsvermeidung / Machtdistanz (nach Hofstede 1984: 214)

Die anekdotische Erläuterung Hofstedes zu den verschiedenen Auswirkungen von kulturellen Einflüssen verstärkt die Akzeptanz seines Ansatzes, auch wenn die zugrundeliegenden Plausibilitätserklärungen rein hypothetischer Natur und oft äußerst gewagt sind (Triandis 1982).

Cray / Mallory nennen eine weitere Stärke: *„Undoubtedly, one of the reasons for the enduring popularity of Hofstede's work is that the* *ranking on four major dimensions allows comparisons among a large number of societies simultaneously"* (1998: 89).

Doch so hoch der Lobgesang, so kritisch und laut auch die Gegenstimmen, die hier auf die wichtigsten Punkte reduziert vorgetragen werden: Der gesamten Studie Hofstedes fehlt ein theoretischer Unterbau. Sowohl die Erstellung von Kulturdimensionen als auch die Beschreibung ihrer Auswirkungen erfolgen empirisch. Dadurch entsteht ein Erklärungsvakuum, wie Verhalten mit den übrigen Kulturvariablen zusammenhängt. Es können zwar Kulturdifferenzen aufgewiesen werden, doch die Ableitung von Konsequenzen und Handlungsempfehlungen kann nur allgemein über Plausibilitätserklärungen erfolgen. Anweisungen für situatives und personenbezogenes Verhalten können nicht gegeben werden (Forstmann 1994; Triandis 1982).

Methodische Probleme fallen dadurch an, dass Hofstede seine Länderstichproben aus den Abteilungen Marketing, Service und Produktentwicklung zog, um verfälschende Fremdeinflüsse möglichst gering zu halten und Vergleichbarkeit herzustellen (Hofstede 1984: 40-42). Er berücksichtigte hierbei nicht, dass dabei nur ein verschwindend kleiner Teil der Bevölkerung repräsentiert ist, der noch nicht einmal über alle Länder hinweg vergleichbar ist. Es wurden überdies bei weitem mehr Männer als Frauen befragt. Außerdem sind IBM-Mitarbeiter durch die spezielle Unternehmenskultur geprägt und homogener als die Kulturen, für die sie in der Studie stehen. Cray / Mallory verweisen auch auf den *„built-in bias of the sort of people [...] who are attracted to and selected by IBM as employees"* (1998: 53).

5.1.2.1.4 Chinese Culture Connection: Confucian Work Dynamism (1987)

In einer empirischen Studie wurde getestet, ob die von westlichen Wissenschaftlern (v.a. von Hofstede) aufgestellten Dimensionen tatsächlich universal sind und ob noch zusätzliche Dimensionen existieren. Die Untersuchung wurde absichtlich mit einem chinesischen 'bias' durchgeführt, wozu in einem Fragebogen chinesische Werte aufgelistet wurden, welche die Befragten (aus 22 westlichen und östlichen Nationen) nach ihrer Wichtigkeit ordnen sollten. Eine ökologische Faktoranalyse ergab vier Faktoren: Drei von ihnen korrelieren stark mit Hofstedes Machtdistanz, Individualismus und Maskulinität. Der vierte, der eher in Ländern mit hohem Wirtschaftswachstum auftritt (hauptsächlich in den fünf asiatischen 'Tigerstaaten') und Werte wie 'ordering relationships' und 'thrift' beinhaltet (Werte, die eher chinesischen Menschen bekannt und wichtig sind) stellt eine neue Dimension dar.

Hofstede reagierte darauf, indem er 1991 seinem Modell eine fünfte Dimension namens 'long-term orientation' hinzufügte, die *„the extent to which people favor a pragmatic, future-oriented perspective - fostering virtues like perseverance and thrift – over short-term thinking"* (ITIM o.J.) misst. Dies ist ein richtiger Schritt in Richtung universaler Kulturdimensionen. Denn diese können nach dem Prinzip der 'derived emics' (vgl. Kapitel 2.3.2) erst entstehen, wenn durch empirische Studien alle Regionen dieser Erde abgedeckt und sämtliche emischen Konstrukte eingeschlossen worden sind. Realistisch gesehen wird dieses Ziel jedoch unerreicht bleiben.

5.1.2.1.5 Schwartz / Bilsky: Motivational Types of Values (1987)

Ein weniger bekannter, aber doch differenzierter und m.E. wertvoller Ansatz zur Erfassung von Werten ist der von Schwartz und Bilsky (1987), die in ihrer Theorie (die ständig empirisch überprüft und revidiert / erweitert wird; siehe Schwartz / Bilsky 1990, Schwartz 1992, 1994) behaupten, dass Werte folgenden motivationalen Zielen zuzuordnen sind:

stimulation: Stimulationswerte entstehen aus dem angeblich biologischen Bedürfnis nach Abwechslung und Anregung, um ein optimales Akitvitätsniveau zu gewährleisten. Darunter fallen Werte wie 'an exciting life' und 'daring' (wie auch folgende Paragraphen Schwartz 1992).

hedonism: Es geht darum, Spaß im Leben zu haben und seine emotionalen und sinnlichen Bedürfnisse zu befriedigen. Es sind Werte wie z.B. 'pleasure' und ' enjoying life' angesprochen.

security: verdeutlicht Sicherheit und Frieden für die Gesellschaft, Gruppe, sozialen Beziehungen und sich selbst. Hier wären 'security', 'inner harmony' und 'salvation' zu nennen.

achievement: bedeutet persönlichen Erfolg durch das Vorweisen von Kompetenz ('ambitious', 'successful', 'influential').

self-direction: Darin sind Werte zusammengefasst, die mit unabhängigen Gedanken und Aktionen wie Schöpfung und Entdeckung zu tun haben ('independent', 'imaginative').

conformity: beinhaltet Werte, die Aktionen und Impulse verbieten, die Normen verletzen und anderen Menschen schaden könnten ('obedient', 'self-discipline', 'politeness').

benevolence: Dieser Bereich bedeutet aktiver Schutz oder Förderung der Wohlfahrt der Mitmenschen ('helpful', 'forgiving', 'honest').

power: Soziale Institutionen funktionieren nur durch einen gewissen Grad an Statusdifferentiation. Damit dies von den Gruppenmitgliedern akzeptiert wird, muss Macht als ein Wert gesehen werden, dessen ungleiche Verteilung legitim ist ('authority', 'wealth').

tradition: Die Beibehaltung von Symbolen und Praktiken, die gemeinsame Erfahrung und gemeinsames Schicksal repräsentierten, dienen der Identität und damit dem Überleben der Gruppe ('respect for tradition',' humble', 'devout').

spirituality: Die Antwort auf die Sinnfrage ist ein grundlegendes menschliches Bedürfnis und äußert sich in *„meaning and inner harmony through the transcendence of everyday reality"* (Schwartz 1992: 10) und solchen Werten wie 'detachment' und 'unity with nature'.

universalism: Dieser Bereich bezieht sich auf die Wertschätzung, das Verständnis und Akzeptanz seiner selbst, anderer Menschen und der Umwelt ('wisdom', 'protecting the environment').

Die erörternden Motivationstypen stehen miteinander in bestimmten Beziehungen (Kongruenz, Widerspruch oder Neutralität) und ergeben so universale Wertestrukturen. Kulturspezifische Abweichungen liegen in Form von unterschiedlich wichtigen Werten / Wertebereichen vor. Für jedes Land kann ein Mittelwert (= Index) für jeden Wert / Wertebereich angegeben werden (Schwartz 1994: 112-115); somit stellen die Wichtigkeiten der Werte / Wertebereiche Dimensionen dar, durch die Kulturen miteinander verglichen werden können.

Schwartz' empirische Untersuchung von 1994 soll als Exempel beschrieben werden: Aus 41 kulturellen Gruppen in 38 Ländern wurden 86 Stichproben gezogen. Die Befragten sollten zu den ihnen vorgelegten Werten angeben, wie wichtig sie ihnen sind. Analysiert wurden die Antworten auf individueller als auch auf kultureller und auf Länderebene. Die Werte wurden hierbei erstens in jedem Land separat zusammengestellt, um auch emische Konzepte zu integrieren, und zweitens für jedes Land separat zu Gruppen zusammengefasst, um die jeweils kulturspezifische Bedeutung zu berücksichtigen. Schwartz / Bilskys KEA überwindet noch weitere Schwächen des Hofstede'schen Ansatzes: Statt nur vier Wertebereichen wurden zehn überprüft, was aus Erweiterung als auch Aufspaltung der Bereiche resultierte.[50]

An keiner Stelle wird jedoch auf die Auswirkungen von Werten auf konkretes Verhalten eingegangen. Außerdem: Universalität der Wertestrukturen gilt erst dann, wenn durch empirische Studien keinerlei Modifikation mehr nötig ist. Und so lange die Werte(bereiche) durch ausschließlich amerikanische / westliche Theorien fundiert werden, kann von Universalität sowieso keine Rede sein.

5.1.2.1.6 Trompenaars (1993)

Zur Zeit ist Trompenaars *„der große Star"* (Interview mit Ziegler) bei den Unternehmen. Dessen Ansatz stellt eine Synergie von Kluckhohn / Strodtbecks Werteorientierungen und Parsons / Shils' 'pattern

[50] Dabei entsprechen diese Ergebnisse der Individualebene denen der Kulturebene von Hofstede (Smith / Bond 1993; Schwartz 1994).

variables' dar, angereichert mit einigen weiteren kleineren Theorien.[51] Der Autor stammt aus der interkulturellen Unternehmensberatung und integriert in seinem Werk wissenschaftliche Theorien mit praktischen Managementanleitungen. Er untermauert seine Aussagen mit einer empirischen Fragebogenuntersuchung, bei der in 47 Ländern annähernd 15.000 (meist) Führungskräfte teilnahmen. Trompenaars kommt dabei zu dem Schluss, dass Landeskulturen sich durch folgende drei Kategorien beschreiben lassen:

1. interpersonelle Beziehungen;
2. allgemeines Zeitverständnis;
3. allgemeines Verhältnis zur natürlichen Umwelt.

Abb. 23: Kategorien zur Beschreibung von Landeskultur (nach Trompenaars 1993)

Unter 1. fallen die Unterkategorien Universalismus / Partikularismus, Individualismus / Kollektivismus, Neutralität / Emotionalität, Spezifität / Diffusität und Leistungsstatus / Ansehen. Dabei wird unter Spezifität / Diffusität auch die Aufteilung von Persönlichkeitsbereichen einbezogen: Der öffentliche Bereich der Persönlichkeit einer spezifischen Kultur wird entsprechend der Lebensbereiche in mehrere Segmente gegliedert, wobei der jeweilige Zugang recht einfach ist. Der private Bereich ist relativ klein, der Zugang ist schwer. In einer diffusen Kultur gibt es nur eine kleine öffentliche Sphäre, dafür eine um so größere private, wobei beide diffus, d.h. nicht in Segmente aufgeteilt sind. Ist der Zutritt zur privaten Sphäre (die andere spielt eine untergeordnete Rolle) erst einmal gestattet, gilt dieser für alle Lebensbereiche.[52] Zusätzlich kommt Halls Theorie zum Kontext hier zum Tragen: In diffusen Kulturen herrscht hoher Kontext, in spezifischen ein niedriger

[51] Es wird daher empfohlen, Verständnisses halber erst die folgenden etischen KEA zu lesen, da auf diese hier Bezug genommen wird.

[52] Die Theorie der Einteilung in verschiedene Regionen der Persönlichkeit und der Zugang hierzu ('soziale Distanz') wurde in Anlehnung an Lewin (1935 / 36) entwickelt.

(vgl. Kapitel 5.1.2.1.2). Eine weitere Modifikation besteht darin, dass das allgemeine Zeitverständnis bzgl. Vergangenheit, Gegenwart und Zukunft (Punkt 2) mit Halls monochronem und polychronem Zeitkonzept erweitert worden ist (vgl. Kapitel 5.1.2.3.4).

Für jede Unterkategorie hat Trompenaars eine Skala entwickelt, auf der jede Landeskultur abgetragen und mit anderen Kulturen in Beziehung gesetzt werden kann. Zur jeweils hohen / niedrigen Ausprägung einer Kategorie gibt er Empfehlungen für die verschiedenen Managementbereiche, wie mit der anderen Kultur umzugehen ist.[53] So wird dem Praktiker der Kultureinfluss deutlich gemacht und durch die *„sieben Dimensionen ein relativ umfassender erster Einblick in die Gegebenheiten des Landes"* (Forstmann 1994: 34) gegeben. Kieser meint hierzu: *„We all like concepts that reduce complexity, especially if these concepts make sense in spite of their simplicity"* (1994: 459, womit er sich gleichzeitig auf Hofstede bezieht). Doch alle Anschaulichkeit und Verständlichkeit täuschen nicht über gravierende Mängel hinweg: Zu seinen Dimensionen gibt Trompenaars nicht an, ob er diese theoretisch oder empirisch abgeleitet hat (Schmid 1996: 265) - empirisch wären sie kaum gestützt (Forstmann 1994: 34). Zum anderen fehlt eine Erläuterung der Methodik, v.a. wie die Skalenwerte berechnet worden sind. Die Auswahl der Stichprobe (Teilnehmer an interkulturellen Trainings) ist nicht repräsentativ, da die Untersuchungspersonen zum Thema 'Kulturunterschiede' schon vorbelastet sind.

Schließend lässt sich positiv vermerken, dass sich inzwischen auch Interesse seitens der Praxis in Form von eigenentwickelten KEA bemerkbar macht. Die 'Wissenschaftlichkeit' lässt zwar zu wünschen übrig; doch wenn dafür die (sinnvolle) praktische Anwendbarkeit gesteigert wird, ist ein wichtiges Ziel erreicht.

---

[53] Leider fußt die Verbindung von Kultur und Managementpraktiken auf reinen Plausibilitätsüberlegungen ohne jeglichen empirischen Beweis (Schmid 1996: 269).

5.1.2.2 Erfassung anhand von Rangordnungen: Kluckhohn / Strodtbeck: Value-Orientations (1961)

Der zweite große Klassiker neben Parsons / Shils ist der Ansatz der Werteorientierungen[54] der Anthropologen Florence Kluckhohn und Fred Strodtbeck. Die Werteorientierungen resultieren aus den Problemen, die alle Menschen gleichermaßen zu lösen haben (siehe nachfolgende Abb. 24), und beeinflussen konkrete Entscheidungen im Alltagsleben.

1. What is the character of innate human nature?
   (human nature orientation)
2. What is the relation of man to nature (and supernature)?
   (man - nature orientation)
3. What is the temporal focus of human life?
   (time orientation)
4. What is the modality of human activity?
   (activity orientation)
5. What is the modality of man's relationship to other men?
   (relational orientation)

Abb. 24: Grundlegende Probleme aller Menschen (nach Kluckhohn / Strodtbeck 1961: 11)

Es gibt für alle Gesellschaften nur eine begrenzte Anzahl von möglichen Lösungen, die jedoch unterschiedlich präferiert werden und so die jeweils gültige Werteorientierung ergeben:

zu 1: Der Mensch kann gut, böse oder beides sein, wobei diese Eigenschaft veränderbar oder nicht veränderbar ist. Aus der Kombination von böse, aber veränderlich würde beispielsweise der Glaube an ständige Kontrolle und Selbstdisziplin resultieren, um 'gut' zu werden (Kluckhohn / Strodtbeck führen in dieser Kategorie das Beispiel der Puritaner in den USA an).

[54] Ihre Definition von Werteorientierung kann in Kapitel 2.2.1 nachgelesen werden.

zu 2: Der Mensch kann die Natur beherrschen (dann kann er nach Belieben über sie verfügen), mit ihr in Harmonie stehen (d.h. Mensch, Natur und Übernatürliches sind eng miteinander verbunden) oder ihr untertan sein (der Mensch muss sich der Natur beugen, er hat keine Einflussmöglichkeit auf sie - es kommt zum Fatalismus).

zu 3: Es kann entweder die Vergangenheit, die Gegenwart oder die Zukunft wichtiger sein. Wenn sich der Mensch eher der Vergangenheit zuwendet, resultiert daraus oft Traditionalismus. Bei Zuwendung an die Gegenwart lebt man nach 'carpe diem'. Steht die Zukunft im Mittelpunkt, geht es um ständige Verbesserung und ewigen Wandel (vgl. den Fortschrittsglauben der Industrienationen).

zu 4: Hier gibt es drei Lösungsmöglichkeiten: 'being' (die dionysische Ausprägung[55]), 'doing' (appollonisch) und 'being in becoming' (prometheisch). Erstere bedeutet, dass sich die menschliche Persönlichkeit spontan in Aktivitäten äußert, was auf *„having a deep experience of life“* (Triandis 1982 / 83: 153) hinweist. Bei 'being in becoming' ist wichtig, wer man ist, und dass man sich um *„evolving as a person to 'higher' levels of understanding“* (Triandis 1982 / 83: 153) bemüht (z.B. zenbuddhistische Mönche). Ist das Augenmerk auf 'doing' gerichtet, sind alle Aktivitäten leistungsorientiert und ein Mensch gilt als das, was er erreicht hat.

zu 5: Sind die zwischenmenschlichen Beziehungen lineal, bedeutet dies, dass die Gemeinschaftsziele und die zeitliche Kontinuität der Gruppe am wichtigsten sind, und dass das Individuum nur wegen seiner Gruppenmitgliedschaft Bedeutung hat (z.B. europäische Aristokratien). Kollaterale Beziehungen liegen vor, wenn die Ziele der erweiterten Gruppe, der man im jetzigen Zeitpunkt angehört (z.B. der japanischen Firma), über allem stehen. Individualistisch schließlich heißt, dass die Person autonom ist und nach der Erreichung eigener Ziele strebt.[56]

---

[55] Auf 'appollonisch' und 'dionysisch' werde ich bei Benedict in Kapitel 5.1.2.3.2 noch weiter eingehen.

[56] Auch hier ist das Konzept 'Individualismus' zu erkennen! Siehe hierzu auch Hofstede in Kapitel 5.1.2.1.3.

Zur Messung dieser voneinander meist unabhängigen Ausprägungen befragten Kluckhohn / Strodtbeck jeweils 25 Personen aus fünf ländlichen Gemeinschaften im amerikanischen Südwesten. Dabei wurden alltäglichen Problemen je drei Lösungsmöglichkeiten vorgegeben, die der Befragte nach seinen Präferenzen in eine Rangfolge zu bringen hatte. Daraus konnte für jede Kultur eine Rangfolge der Problemlösungen (= die Werteorientierungen) aufgedeckt werden.

Es ist hervorzuheben, dass die Autoren dabei 'Kultur' als ein weites Konzept erachten und nicht auf die Nationalkultur festlegen. Es ist jedoch fraglich, ob in hochkomplexen Gesellschaften eindeutige Rangfolgen zu obengenannten Problemen ermittelbar sind, oder ob dieser KEA nur bei kleineren kulturellen Gruppen durchführbar ist.

Kluckhohn / Strodtbecks KEA ist auf weitgehend positive Resonanz gestoßen, oftmals in andere Studien übernommen und weiterverarbeitet worden (siehe z.B. Adler 1991), so dass er auch heute noch relevant ist. Die Frage der Praxis daran lautet jedoch: Wie können so abstrakte Konstrukte wie Werteorientierungen Erklärungen für die nachgelagerten Stufen, d.h. Werte, Normen und insbesondere Verhalten liefern? Sie helfen, mögliche Ursachen für bereits an den Tag gelegtes Verhalten aufzuspüren (siehe z.B. Gudykunst / Kim 1992); Prognosen über zukünftiges Verhalten sind jedoch nicht ableitbar.

5.1.2.3 Erfassung anhand von Kategorien

5.1.2.3.1 Benedict: Scham - Schuld (1946)

„Benedict (1946) first proposed that some cultures socialize people by making them feel ashamed of behaviors that do not fit the mores and that other societies socialize them by making people feel guilty. Shame is a social means of control; guilt is an internalized means of control" (Albert 1996: 339). Dies bedeutet, dass Scham nur dann auftritt, wenn ein Fehler von den Mitmenschen erkannt wird. Sie ist eine Reaktion auf die (imaginäre) Kritik durch Andere und die Furcht vor externen Sanktionen. Schuld hingegen verspürt man auch dann, wenn niemand

von dem Fehler weiß, allein auf Grund der Tatsache, dass man gegen die eigene Überzeugung verstoßen hat. Gutes Verhalten resultiert demnach aus der internalisierten Überzeugung von Sünde, sprich Gewissen.

Offen bleibt, welche Auswirkungen dies auf Werte und v.a. Verhalten hat. Benedict illustriert es zwar für USA und Japan, gibt jedoch keine konkreten Anhaltspunkte für die methodische Analyse. Zuweilen wird die Unterscheidung Scham - Schuld noch von anderen Autoren übernommen (siehe z.B. Glenn 1981), jedoch nie als einzige Erklärung von kulturellen Differenzen.

5.1.2.3.2 Benedict: Dionysisch - appollonisch (1959)[57]

Bekannter sind die Kategorien 'appollonisch' und 'dionysisch', die Benedict von Nietzsche (1928) aus seinen Studien zur griechischen Komödie übernommen hat. Sie beschreiben zwei gegensätzliche Wege, wie ein Mensch die 'values of existence' erreichen kann. Der dionysische Weg wäre die Flucht aus der Begrenzung durch die fünf Sinne und Suche nach einer anderen Art der Existenz (z.B. in Form von Ausschweifungen). Dem Appollonier sind Ausbrüche fremd - für ihn ist das richtige Maß wichtig; er hält sich an die Regeln und übt Selbstdisziplin. Benedict wandelte diese Kategorien inhaltlich ab, um damit treffender das Verhalten einer Gruppe nordamerikanischer Indianer - die 'Pueblos'- beschreiben und von dem der anderen Indianer abgrenzen zu können. Nachfolgende Autoren (z.B. Glenn 1981; Albert 1986) berücksichtigen diese emische Anwendung nicht und verwenden die Kategorien als universales Erfassungskriterium.

---

[57] Vgl. hierzu Kluckhohn / Strodtbecks 'being' und 'doing' (Kapitel 5.1.2.2).

5.1.2.3.3 Hall: Contact - no Contact (1966)

Bzgl. dem Konzept 'Raum' konstatiert Hall, dass die angemessene Distanz zu einer anderen Person zwischen den Kulturen variiert. In einer empirischen Studie zu 'proxemic patterns' in den USA stellte er vier Distanzen (intim, persönlich, sozial, öffentlich) fest, die jeweils verschiedenen Aktivitäten und persönlichen Beziehungen zuzuordnen sind (Hall 1966 oder ausführlicher 1974). Dabei ist zu beachten, dass in anderen Kulturen sowohl andere Kategorien existieren, als ihnen auch jeweils eine andere Bedeutung zugemessen wird. Daraus entwickelte sich folgendes: *„Edward Hall suggests that people of 'contact' cultures (such as Southern Europe and Arab countries) maintain closer interpersonal spacing than people of 'non-contact' cultures (such as North America and Northern Europe)"* (Mazur 1977: 53). Die eben genannten Kategorien sind weit verbreitet, obwohl sie Hall nach meiner Kenntnis in dieser Form nie verwendet hat. Es gibt hierzu keine empirischen Belege; die Ausführungen von Hall und seiner Nachfolger erschöpfen sich in illustrativen Beispielen.

5.1.2.3.4 Hall: Monochrones - polychrones Zeitkonzept (1976)

In vielen seiner Werke weist Hall auf sein Zeitkonzept hin: Polychronie ('P-time') betont den Einbezug von Mitmenschen und die Fertigstellung von Transaktionen. Leute mit einem polychronen Zeitkonzept ('P-time people') erledigen mehrere Dinge zeitgleich und achten auf persönliche Beziehungen mehr als auf die Einhaltung von Zeitplänen. Beim monochronen Konzept gilt: *„time is linear and segmented like a road or a ribbon extending forward into the future and backward to the past. It is also tangible; they speak of it as being saved, spent, wasted,..."* (Hall 1976: 16). Dementsprechend wird eine Sache nach der anderen erledigt, wobei die Einhaltung des Zeitplans eine wichtige Rolle spielt. Der Umgang mit der Zeit hat natürlich relevante

Auswirkungen auf die Aktivitäten von Menschen (z.B. auf Pünktlichkeit oder Umgang mit Zeitvorgaben). Hall beschreibt dies anschaulich in einer Vielzahl von Anekdoten und unter Heranziehung verschiedener Kulturen.

Halls Zeitkonzept gehört zu den meistverbreiteten Analyseinstrumenten, zumal es geschickt mit dem in Kapitel 5.1.2.1.2 erläuterten Kontext verbunden werden kann: Polychrone Menschen sind so tief in ihren Aktivitäten miteinander verbunden, dass sie es als Notwendigkeit sehen, in Kontakt zueinander zu stehen und Wissen zu teilen. Monochrone Menschen auf der anderen Seite sehen ihre Aktivitäten weniger im Kontext sondern eher als einen abgesonderten Teilbereich und benötigen daher keinen ständigen Informationsfluss (Hall 1983).

5.1.2.4 Andere Erfassungsmethoden: Thomas: Kulturstandards (1989)

Der Psychologe Alexander Thomas ist einer der wenigen Deutschen, die Vorschläge zur Kulturerfassung bieten. Dabei stellt sein Untersuchungsobjekt in erster Linie weder Werte noch Verhalten dar, sondern 'Kulturstandards', die in der jeweiligen Kultur ein Orientierungsmuster ergeben, das die Wahrnehmung, die Kognition, die Evaluation und Verhaltensweisen festlegt. Die Aufdeckung von Kulturstandards erfolgt durch eine *„handlungspsychologisch orientierte Analyse kritisch verlaufender Interaktionssituationen"* zwischen Angehörigen zweier Kulturen. *„Die so ermittelten [...] Kulturstandards werden auf ihre interne Zusammenhangsstruktur [...] hin untersucht. Dazu werden die Erkenntnisse kulturhistorischer, philosophischer, literarischer, religionswissenschaftlicher und wertorientierter Forschungen [...] hinzugezogen"* (beide Zitate Thomas 1998). In China gelten zum Beispiel folgende Kulturstandards: Gesicht wahren, Gastfreundschaft, Freundschaft / Höflichkeit, hierarchisches Denken, Nationalstolz, Trennung von Arbeits- / Privatbereich, bürokratisches Denken / Handeln, Bildhaftigkeit, Angst vor Sanktionen, Erklärungsbedürfnis und Vertragstreue (Thomas 1989).

Thomas verknüpft als einziger Wissenschaftler Kulturerfassung sofort mit ihrer Vermittlung. So entwickelt er Kulturstandards für Verhandlungs-, Führungs- und Managementsituationen sowie für allgemein berufsbedingte oder private Handlungssituationen und verbindet sie mit der Methode des Kulturassimilators[58], um die Innensicht der anderen Kultur darzustellen (Moosmüller 1993) und eine affektive Umbewertung herbeizuführen (Thomas / Hagemann 1996).

Durch den Versuch, emische Konstrukte zu ermitteln, fällt dieser KEA aus der systematischen Ordnung nach Dimensionen, Rangfolgen oder Kategorien und ähnelt den emischen KEA.[59] Doch bei genauerem Hinsehen entpuppt sich die Erfassung als extern (d.h. ohne Beteiligung Einheimischer) durchgeführte Auswahl, Definition, Analyse und Interpretation anhand westlicher Theorien. Auch erscheinen die Kulturstandards nicht vollständig - bei obigen chinesischen müssten doch auch zumindest die Bereiche 'Familie' und 'Sozialorganisation' enthalten sein! Außerdem wird weder der individuelle Spielraum noch die situationsspezifische Ausgestaltung erkennbar: *„Das gesamte Handeln und Denken von Einzelpersonen wird immer auf die Kulturstandards des ganzen Kulturkreises zurückgeführt und mit diesen Standards identisch erklärt"* (Drechsel / Behr / Schmidt 1998).

Lobenswert hinsichtlich der praktischen Anwendbarkeit ist die starke Hinwendung zu Verhalten, die daraus resultierenden Anweisungen und die Vermittelbarkeit durch die geschickte Kombination mit Kulturassimilatoren, die ausgehend von den USA für sich schon weltweite Verbreitung und Akzeptanz gefunden haben (Albert 1983).

---

[58] Siehe Kapitel *3.4 Inhalte, Methoden und Instrumente von interkulturellen Trainings.*

[59] Die Kulturstandards erinnern stark an die 'kulturellen Skripte', die in Kapitel *5.2.2.3 Flechsig: Kulturelle Schemata (1998)* besprochen werden.

5.1.3 Systematisierung etischer Kulturerfassungsansätze nach Triandis

Dieses Kapitel dient zwei Zwecken: Zum einen soll es eine weitere Möglichkeit der Systematisierung aufweisen, zum anderen all die KEA kurz erwähnen, die ich aus Platzgründen nicht eigenständig erläutern konnte. Dafür greife ich auf den Rahmen von Triandis (1984) zurück und füge aktuellere Ansätze hinzu. Ausgehend von der Kritik an KEA, die mit nur wenigen Erfassungskriterien Kulturunterschiede darzustellen versuchen, integriert Triandis fast sämtliche bekannte Kriterien[60] verschiedener Autoren zu einem großen KEA, dessen Kriterien zu unterscheiden sind nach „*(a) what kinds of perceptual differentiations are emphasized in different cultures, (b) how the information extracted from these perceptions is processed and evaluated, and (c) what patterns of action result*“ (Triandis 1982 / 83: 142).[61] Vgl. als graphische Veranschaulichung dieser Einteilung Abb. 25.

a) Unterschiede in der Wahrnehmung können begründet werden durch verschiedene Arten der Attribution, wie ***Leistungs- oder Zuschreibungsorientierung***[62] und ***Universalismus oder Partikularismus***. Wahrnehmung wird auch beeinflusst durch die ***Eigenschaften, auf Grund derer Ingroups gebildet werden*** (z.B. Familie, Sprache, Beruf), die u.a. beschrieben werden durch Banfields ‘amoral familism’ (Identifizierung mit der Familie unter Vernachlässigung anderer Mitmenschen (1958)) und Fosters ‘limited good’ (Dieses Konzept bedeutet, dass wenn einer Outgroup etwas Gutes widerfährt, weniger Gutes für die Ingroup verbleibt und diese somit gefährdet ist (1965)). Die Größe der Ingroup kann nach Triandis (1972) von der Familie bis zur gesamten

[60] Triandis verwendet statt dem Begriff ‘Erfassungskriterium’ ‘Dimensionen’, obwohl sie das im engeren Sinne nicht sind, weil sie nicht in jedem Fall ein bipolares Kontinuum mit einer Intervallskala darstellen, sondern auch einzelne Eigenschaften, die nicht durch eine Skala abgetragen werden können, oder Kategorien.

[61] Einige dieser Kriterien könnten auch in eine der beiden anderen Kategorien eingeteilt werden, da sie mehrere Aspekte gleichzeitig abdecken (Albert 1996: 332).

[62] Quellen werden der Übersichtlichkeit halber nur angegeben, wenn der Autor / Ansatz nicht bereits in vorhergehenden Kapiteln erwähnt worden ist.

Menschheit reichen. Die ***Leichtigkeit des Zugangs zur Gruppe*** variiert von Zugang auf Grund von Bekanntschaft bis Zugang durch Ritual (Triandis 1982 / 83). Das ***Selbstkonzept*** beeinflusst die Art der Wahrnehmung; für dieses stellen Osgood / May / Miron (1975) drei charakterisierende Merkmale auf: Selbstachtung (eine Person hält sich für sehr gut bis nicht so gut), Macht (eine Person hält sich für mehr oder weniger mächtig, Dinge zu meistern) und Aktivität (eine Person hält sich für jemand, der die Welt aktiv verändert, oder eher für passiv). Alter, Geschlecht, soziale Klasse, etc. werden in jeder Kultur anders gewichtet; die Gewichtung kann durch Hofstedes ***Machtdistanz*** erfasst werden.

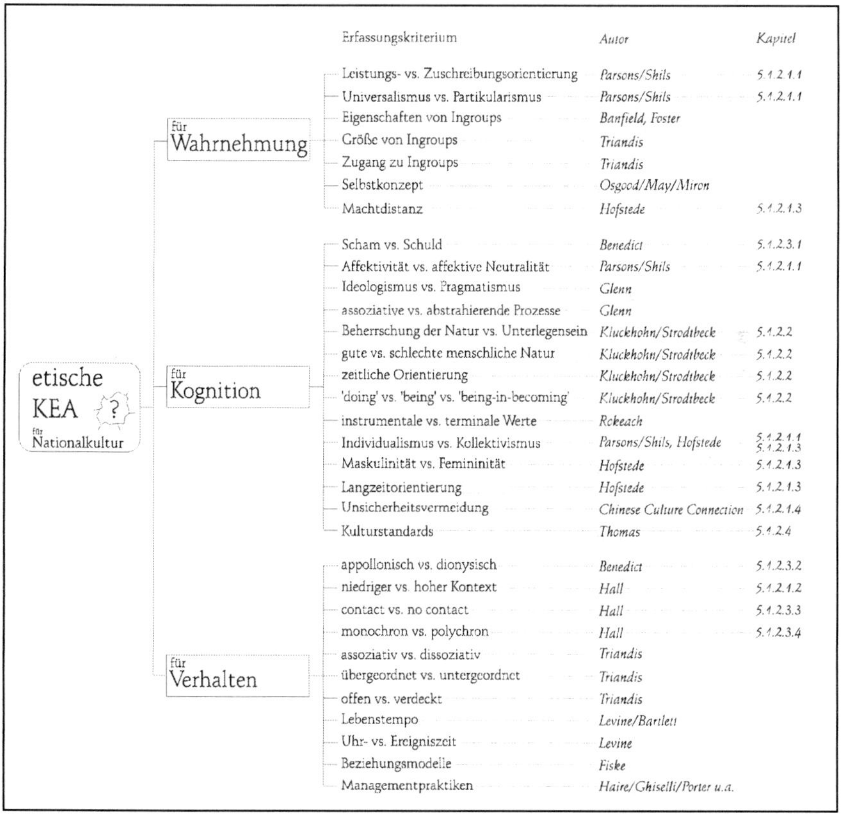

Abb. 25: Systematisierung von etischen KEA (eigene Darstellung)

b) Kognition und Evaluierung variieren folgendermaßen: Die kognitive Kontrolle kann durch ***Scham oder Schuld*** erfolgen. Reize können emotional oder kognitiv verarbeitet werden (***Affektivität - affektive Neutralität***). ***Ideologismus und Pragmatismus*** nach Glenn (1981) beschreiben „*the extent to which the information extracted from the environment is transmitted within a broad framework, such as a religion or political ideology, or a relatively narrow framework*" (Triandis 1982/83: 148). Mentale Prozesse können ***assoziativ oder abstrahierend*** verlaufen: In assoziativen Prozessen werden alle Assoziationen eines Ereignisses und damit viele verschiedene Details in der Umwelt betrachtet; in abstrakten Prozessen werden nur die Teile der Umwelt beachtet, die wichtige und relevante Elemente für das Ereignis enthalten (Glenn 1981). Damit verbunden ist die psychologische Differentiation nach Witkin / Berry (1975), die sich in feldabhängigen oder feldunabhängigen Wahrnehmungs- und Kognitionsstilen und auch im globalen oder abgrenzenden Körperkonzept bemerkbar macht. Kognitive Auswirkungen hat auch die Werteorientierung ***'Beherrschung der Natur - eigene Unterwerfung'***, welche in Verbindung mit der 'äußeren' und 'inneren Kontrolle' von Rotter (1966) zu erwähnen ist. Annahmen über die ***gute oder schlechte Natur des Menschen*** haben Konsequenzen auf die Erwartungshaltung. Mit welcher zeitlichen Orientierung die eingehende Information verbunden wird, gibt die ***Vergangenheits-, Gegenwarts- oder Zukunftsorientierung*** an. Kulturen unterscheiden sich bzgl. der kognitiven Betonung von 'Tun', 'Sein' und 'Werden' (***'doing', 'being', 'being-in-becoming'***). In jeder Kultur existiert eine andere Rangfolge von Werten ***terminaler und instrumentaler*** Art (Rokeach 1972, 1973), welche die Evaluation beeinflusst. Bei Kognition und Evaluation spielt auch ***Individualismus - Kollektivismus*** eine Rolle. Parsons / Shils, Hofstede, McClelland (1961) und Paarek (1968) setzen sich mit diesem Phänomen auseinander, wobei letztere zwei ihr Augenmerk auf Motivation richten. Überdies haben ***Maskulinität - Femininität, Langzeitorientierung*** und ***Unsicherheitsvermeidung*** Auswirkungen auf die Verarbeitung und Bewertung von Information. Pelto (1968) untersucht in diesem Zusammenhang, wie wichtig / restringent die Normen einer Kultur sind ('tight - loose societies'). ***Kulturstandards*** stellen per se kognitive Rahmen dar.

c) Erfassungskriterien für Verhaltensmuster stellen ***appollonisch - dionysisch***, ***niedriger - hoher Kontext*** (in der Kommunikationsform erkennbar), ***contact - no-contact*** (in der Distanzregulation zwischen Personen erkennbar) und ***monochron - polychron*** (im Zeitkonzept und in menschlichen Beziehungen erkennbar) dar. Triandis (1984) beschreibt im ***assoziativen - dissoziativen Verhalten***, wie kooperativ oder feindlich Menschen sich gegenüber benehmen können. Eine abgemilderte Version hierzu wäre 'kooperatives - kompetitives Verhalten' von Mead (1976), das auch von Segall (1979) ausführlich behandelt worden ist. Von Triandis (1984) stammen die Kategorien ***übergeordnetes - untergeordnetes*** und ***offenes*** (sichtbare Muskelbewegungen) ***- verdecktes*** (kognitive Vorgänge) Verhalten. Das ***Lebenstempo*** nach Levine / Bartlett (1984) drückt sich in der Geschwindigkeit von Aktivitäten und der ***Relevanz der Uhrzeit*** aus: *„Wenn man nach der Uhrzeit lebt, setzt die von Zeitmesser angezeigte Zeit den Beginn und das Ende einer Aktivität fest. Wenn die Ereigniszeit dominiert, wird der Zeitplan von den Aktivitäten bestimmt"* (Levine 1998: 127). Die Dominanz eines der ***Beziehungsmodelle*** (communal sharing, authority ranking, equality matching, market pricing) in einer Kultur führt zu einem bestimmten Verhalten anderen Personen gegenüber (Fiske 1991, 1992). Schließlich ergeben die verschiedenen Ergebnisse von Untersuchungen zu ***Managementpraktiken*** Analysekriterien von Kulturen, vgl. beispielsweise Laurents Studie zum idealen Management (1983) oder Haire / Ghiselli / Porters Studie zu Führungseinstellungen und Arbeitszufriedenheit (1966).

Einige KEA passen nicht in dieses Schema, wie z.B.:

- Morris' 'ways of life' (Morris / Jones 1955; Morris 1956);
- die Klassifikation nach menschlichen Ideen und Aktivitäten in 'theoretisch', 'ökonomisch', 'ästhetisch', 'sozial', 'politisch' und 'religiös' nach Allport / Vernon / Lindzey (1951);
- Motivationstypen von Werten (Schwartz / Bilsky - siehe 5.1.2.1.5).

Die vorher aufgeführten Kriterien können kombiniert werden und auf diese Weise neue Kategorien bilden. Als Beispiel möchte ich Thompson / Ellis / Wildavsky (1990) anführen, die Kollektivismus / Individualismus (sie nennen diese Dimension nach Douglas (1982) 'group') und 'tight / loose societies' ('grid' genannt) in ein Vierquadrantenschema fügen und auf diese Weise die fünf Kategorien ('ways of life': Hierarchie, Egalitarismus, Fatalismus, Individualismus und Autonomie[63]) schaffen, in die Kulturen eingeordnet werden können.

Die Kriterien stehen oftmals im engen Zusammenhang, z.B. neigt eine kollektivistische Kultur zu assoziativen gedanklichen Prozessen und niedrigem Kontext (Triandis / Albert 1987: 271). Obige Liste verleitet durch die formale Ähnlichkeit der Kriterien zur vorschnellen Verknüpfung von Wahrnehmung, Kognition und Verhalten. Die Zusammenhänge sind jedoch bei weitem nicht so einfach zu konstruieren (vgl. ausführlich Kapitel *3.1 Verhalten*)!

Bei einer Kulturanalyse müssten nun sämtliche Kriterien angewandt werden, wie es Albert in einer Untersuchung der lateinamerikanischen Kultur anführt, bei der sie auch noch emische Konzepte integriert (Albert 1996). Auch Triandis weist Möglichkeiten der Anwendung auf, und zwar in speziellen Bereichen wie z.B. Organisation (1982 / 83) und Kommunikation (1987 mit Albert). M.E. kann selbst die gemeinsame Anwendung aller KEA nicht dazu führen, dass eine Kultur richtig und komplett erfasst wird, denn die Erfassungskriterien sind weder universal noch erschöpfend.

---

[63] Dieses Vierquadrantenschema hat fünf statt vier Kategorien, da der Nullpunkt als Kategorie eingeführt wurde.

5.1.4 Etische Kulturerfassungsansätze auf Ebene der Organisationskultur

5.1.4.1 Hofstede: Dimensions of Organizational Cultures (1989)

Hofstede vertritt eine emische Auffassung von Organisationskultur: *„Organizational cultures are wholes ('Gestalts') and their flavor can only be fully appreciated by insiders"* (1991: 197). Dabei geht er von einem geringen Einfluss der Landes- auf die Organisationskultur aus.

In einer empirischen Studie (bei zehn niederländischen und dänischen Organisationen) ergab die statistische Auswertung, dass erstens keine signifikanten Abweichungen bei Werten zwischen Organisationen auftreten,[64] zweitens Organisationen sich eher durch Praktiken (kollektive Gewohnheiten, die sich in sichtbaren Erscheinungen wie Kleidung, Sprache und Jargon, Stautssymbole, Beförderungskriterien, Kaffeepausen, etc. ausdrücken) unterscheiden und drittens Organisationskultur durch sechs Dimensionen beschreibbar ist (Hofstede 1989).

process-oriented - results-oriented: Ziele einer prozessorientierten Organisationskultur liegen in der technischen und bürokratischen Routine, Ziele der ergebnisorientierten im *„common concern for outcomes"* (Hofstede 1989: 393).

job-oriented - employee-oriented: Unternehmen mit einer arbeitsorientierten Kultur übernehmen Verantworung nur für die Leistung der Mitarbeiter; Unternehmen mit einer mitarbeiterorientierten Kultur übernehmen eine breitere Verantworung für das Gutergehen ihrer Mitglieder (Hofstede 1989: 393).

professional - parochial: In der ersteren identifizieren sich (die meist sehr gut ausgebildeten) Mitarbeiter hauptsächlich mit ihrem Beruf; in der zweiteren eher mit der Organisation, für die sie arbeiten (Hofstede 1989: 393).

tight - loose internal control: Diese Dimension beschreibt den Grad an Formalität und Pünktlichkeit, der meist durch die Technologie determiniert ist.

---

[64] Begründung siehe Kapitel *2.4.3 Verbindung von Landes- und Organisationskultur.*

pragmatic - normative: Pragmatisch bezeichnet den flexiblen Umgang mit der Umwelt (z.B. Kunden), normativ den rigideren.

open - closed system: Hier wird erfasst, wie leicht oder schwierig sich der Zugang zur Organisation (z.B. für neue Mitarbeiter) gestaltet.

Die Kulturdimensionen können die kulturelle Komplexität einer Organisation nicht voll erfassen, doch geben sie dem Manager ein greifbares Orientierungsraster und somit eine Hilfe für die Gestaltung von Organisationskultur zur Steigerung der wirtschaftlichen Effizienz oder Angleichung von Unternehmen nach einer Fusion / Übernahme (Hofstede 1991).

5.1.4.2 Trompenaars: Unternehmenstypen (1993)

Im Gegensatz zu Hofstede sieht Trompenaars einen hohen Einfluss der National- auf die Organisationskultur durch die Mitarbeiter. Die Dimensionen, mit deren Hilfe er Unternehmenskultur[65] analysiert, lauten 'Egalität - Hierarchie' und 'personenorientiert - aufgabenorientiert'; Trompenaars gibt keinerlei Definition oder Erläuterung für sie an, doch ist eine konzeptuelle Ähnlichkeit mit Hofstedes 'Machtdistanz' (siehe 5.1.2.1.3) und 'aufgabenorientiert - mitarbeiterorientiert' (siehe 5.1.3.1) zu erkennen. Durch die Kombination der Dimensionen ergeben sich vier Typen von Unternehmenskulturen, die Führung, Motivation, etc. determinieren und deren Analyse v.a. zur Überprüfung des kulturellen 'fits' von zwei Unternehmen, die fusionieren wollen, herangezogen werden (vgl. Abb. 26):

Familienkultur: Unternehmen dieses Typs sind gekennzeichnet durch die persönlichen und engen Beziehungen der Angehörigen. An der Spitze dieser hierarchischen Unternehmen steht ein autoritärer, aber fürsorglicher Vater.

Eiffelturmkultur: Bei dieser Unternehmenskultur *„ist eine bürokratische Gliederung der Arbeit in viele verschiedene Rollen und*

---

[65] Trompenaars spricht stets von 'Unternehmenskultur', doch m.E. können seine Konzepte auch auf Organisationen allgemein übertragen werden.

Funktionen vorgegeben. Diese Gliederungen werden an der Spitze von einer Hierarchie koordiniert" (Trompenaars 1993: 212).

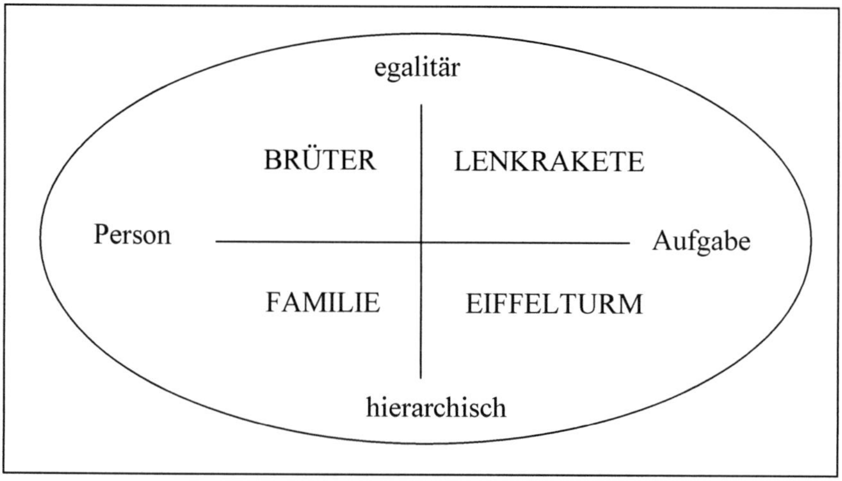

Abb. 26: Firmentypen (Trompenaars 1993: 201)

Lenkraketenkultur: trifft man eher bei einzelnen Projektgruppen als bei ganzen Organisationen an. Sie ist gekennzeichnet durch unpersönliche Beziehungen, schwachen hierarchischen Formen und reiner Zweckbestimmtheit.

Brüterkultur: ist geprägt durch die Selbstverwirklichung der Mitarbeiter, die sich gemeinsam einer Sache verschrieben haben und diese ohne Druck von oben ausführen.

Die eben erläuterten Reinformen von Unternehmenskulturen treten selten auf; meist sind innerhalb einer Firma mehrere Typen vertreten. Dennoch kann man erkennen, dass meist ein Typ dominiert - so auch auf Landesebene. Dementsprechend könnte man in die obige Graphik die Standpunkte der jeweiligen Länder abtragen.

Dieser KEA ist weder theoretisch noch empirisch gesichert und geringer im Erklärungsgehalt als andere Modelle (wie z.B. Hofstedes), da er lediglich auf zwei Eigenschaften gründet und laut Forstmann ein *„recht vereinfachender Ansatz"* (1994: 48) ist.

5.1.4.3 Sonstige etische Kulturerfassungsansätze zu Organisationskultur

Es gäbe noch eine ganze Reihe KEA, die es wert wären, genauer erläutert zu werden, doch das würde den Rahmen dieser Arbeit sprengen. Deshalb hier nur eine kurze Erwähnung: John Mole stellt in seinem 'Euro-Knigge' (1992) die Dimensionen 'organische - systematische Organisation' und 'individuelle - gruppenorientierte Führung' vor, die er in einem Vierquadrantenschema kombiniert, um aus den vier entstehenden Kategorien („*kulturelle Archetypen*" (Mole 1992: 216)) Handlungsanweisungen für den Managementbereich zu geben. Wendy Hall (1995) geht genauso vor, doch verwendet sie die Dimensionen 'assertiveness' und 'responsiveness'.

Folgende KEA wurden für eine nationale Anwendung entwickelt, doch können die Verfahren im Prinzip auch für Unternehmen aus verschiedenen Ländern benutzt werden: Pümpin / Kobi / Wüthrich (1985) bzw. Kobi / Wüthrich (1986) erstellen anhand der Dimensionen Kunden-, Mitarbeiter-, Resultats- und Leistungs-, Innovations-, Kosten-, Unternehmens- und Technologieorientierung ein Kulturprofil, das mit dem anderer Firmen oder dem Idealprofil verglichen werden kann, um Veränderungsmaßnahmen ableiten und die Effizienz steigern zu können. Rühli (1990, 1991 und 1991 mit Keller) erstellt ebenfalls ein Kulturprofil, doch verwendet er hierfür die Dimensionen Führungstechnik, Menschenführung und Geschäftsgebarung.

5.2 Emische Kulturerfassungsansätze

5.2.1 Einleitung zu emischen Kulturerfassungsansätzen

Emische Ansätze werden auch häufig als interpretative Ansätze bezeichnet, um so die Auffassung zu verdeutlichen, dass sowohl die Untersuchungsobjekte als auch die Wissenschaftler die Welt immer wieder neu interpretieren und sämtliches Handeln subjektiv ist (Schmid 1996: 300). Dabei gehen emische KEA aus von:

1. der Konstruktion sozialer Wirklichkeit, 2. der Perspektivität sozialer Wirklichkeit und 3. gemäßigtem Voluntarismus.

Abb. 27: Annahmen emischer KEA (nach Schmid 1996: 303-305)

Das Ziel emischer Ansätze ist, Sinnzusammenhänge zu entschlüsseln und zu verstehen. Dies beinhaltet nicht nur Beschreibung und Erklärung von oberflächlichem Verhalten, sondern auch das Aufdecken der zugrundeliegenden subjektiven Bedeutung. Das Black-Box-Modell zum Zusammenhang von Ursache und Wirkung kultureller Ausprägungen soll geöffnet und die inneren komplexen Zusammenhänge sollen erschlossen werden. Entscheidend ist, dass der Wissenschaftler die Heterogenität des Untersuchungsgegenstands 'Kultur' erkennt, um so die Einflüsse der Subkulturen richtig abschätzen zu können. Auf diese Weise erfolgt eine angemessene Erfassung von Vielschichtigkeit und Veränderbarkeit der sozialen Wirklichkeit (Schmid 1996). Zu berücksichtigen ist auch der ganzheitliche Aspekt: Jede kulturelle Variable ist eingebunden im 'Netz' der Kultur.

Innerhalb der emischen Richtung gibt es verschiedene Tendenzen zur Ausgestaltung von KEA, je nachdem, welche Auffassung über die Essenz von Kultur, deren Ausprägung und Erfassbarkeit vorliegt. Eine umfassende Auflistung aller Ansätze ist im Rahmen dieser Arbeit nicht möglich; stellvertretend seien einige der holistischen und kognitiven Strömung herausgegriffen. Die Aufteilung in landeskulturelle und organisationskulturelle Ansätze wird aus Kapitel 5.1 übernommen, so dass sich graphisch folgende Einteilung ergibt:

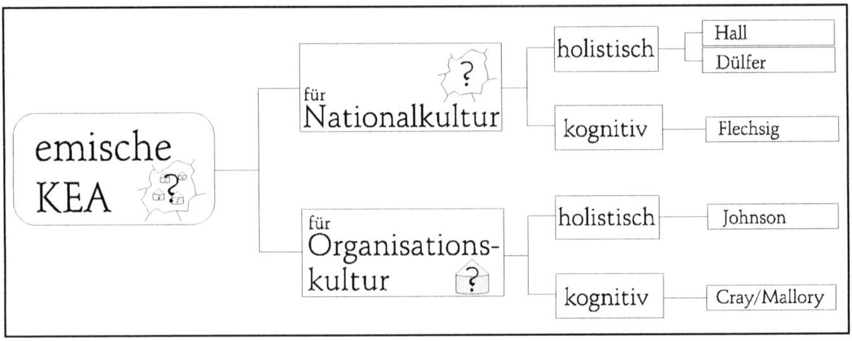

Abb. 28: Einteilung emischer KEA (eigene Erstellung)

5.2.2 Emische Kulturerfassungsansätze auf Ebene der Nationalkultur

5.2.2.1 Hall: A Map of Culture (1959)

Hall begnügt sich nicht mit der Aufstellung einzelner Dimensionen oder Kategorien (siehe Kapitel 5.1.2.1.2, 5.1.2.3.3 und 5.1.2.3.4), sondern bemüht sich auch um eine Theorie zur Analyse einer Kultur in ihrer Ganzheitlichkeit. So teilt er Kultur in zehn kulturelle Systeme auf (sogenannte 'primary message systems' - PMS), die verschiedene Arten menschlicher Aktivitäten darstellen, die biologisch determiniert sind: 'interaction', 'association', 'subsistence', 'bisexuality', 'territoriality', 'temporality', 'learning', 'play', 'defense', 'exploitation'. Jedes einzelne System spiegelt die anderen wider und kann demnach auch unter dem Aspekt der anderen Systeme betrachtet werden. Auf diese Weise ergeben sich 100 Kategorien, auf die eine Kultur hin untersucht werden kann (vgl. Abb. 29). Da jede Aktivität drei Ebenen (formal, informal und technisch) aufweist, könnten die eben genannten Kategorien noch weiter aufgeschlüsselt und die Tabelle ins Dreidimensionale fortgeführt werden (Hall 1959).

Zu beachten ist, dass nicht jedes System in jeder Kultur gleich gewichtet ist. Deren Ranking durch die Angehörigen einer Kultur fällt jeweils anders aus und kann dem anderer Kulturen gegenüber gestellt werden. Diesen Rangordnungsvergleich könnte man auch unter den etischen, verschiedene Kulturen vergleichenden KEA anordnen (vgl. Kapitel 5.1.2.2).

Durch die Vielzahl der Kategorien wird bereits deutlich, dass es kaum möglich ist, sie erschöpfend und vollständig zu erheben. Schon *„jedes PMS ist offensichtlich so reichhaltig und komplex, dass es zum Thema einer lebenslangen Arbeit gemacht werden kann"* (Hall 1959: 81). Doch selbst wenn: die Ergebnisse, nämlich umfangreiche Ethnographien, wären im Rahmen interkultureller Trainings kaum verwertbar. Hall gibt auch keine Hinweise auf die Art und Weise der jeweiligen Datenerhebung; es scheint, er wollte lediglich die Vielzahl der Untersuchungsgebiete aufweisen. Durch die biologische Ableitung der menschlichen Aktivitäten kann man davon ausgehen, dass die Kategorien tatsächlich universal sind. Trotzdem, und das ist positiv zu vermerken, sind sie offen für eine emische inhaltliche Ausfüllung und unter den emischen KEA aufgeführt.

PMS	Interactional	Organizational	Economic	Sexual	Territorial	Temporal	Instructional	Recreational	Protective	Exploitational
Interaction	Communication	Status & role	Exchange	How the sexes interact	Places of inter-action	Times of inter-action	Teaching & learning	Participation in arts & sports	Protecting & being protected	Use of telepho-nes, signals, etc.
Association	Community	Society Class & caste	Economic roles	Sexual roles	Local group roles	Age group roles	Teachers & learners	Entertainers & athletes	Protectors (e.g. clergy, soldiers)	Use of group property
Subsistence	Ecological community	Occupational groupings	Work Maintenance Occupations	Sexual division of labor	Where the indi-vidual eats, cooks, etc.	When the indi-vidual eats, cooks etc.	Learning from working	Pleasure form working	Care of health, protection, of livelihood	Use of foods, resources & equipment
Bisexuality	Sex community (clans, sibs)	Marriage groupings	Family	The Sexes Sex	Areas assigned to individuals by virtue of sex	Periods assigned individuals by virtue of sex	Teaching & learning sex roles	Participation in recreation by sex	Protection of sex & fertility	Use of sex differentiating decoration
Territoriality	Community territory	Group territory	Economic Areas	Men's & women's territories	Space Boundaries	Scheduling of space	Teaching & learning indivi-dual space assignements	Fun, playing games, etc., in terms of space	Privacy	Use of fences & markers
Temporality	Community cycles	Group cycles	Economic cycles	Men's & women's cyclical activities	Territorially determined cycles	Time Sequence Calendar	When the indi-vidual learns	When the indi-vidual plays	Rest, vacations, holidays	Use of time-telling devices
Learning	Community lore - what gets taught & learned	Learning groups - educational institutions	Reward for teaching & learning	What the sexes are taught	Places for learning	Scheduling of learning (group)	Enculturation Rearing Education	Making learning fun	Learning self-defence & to stay healthy	Use of training aids
Play	Community play - the arts & sports	Play groups - teams & troupes	Professional sports & entertainment	Men's & women's play, fun, games	Recreational areas	Play seasons	Instructional play	Recreation Fun Games	Exercise	Use of recreational materials (toys)
Defense	Community defenses - structured defense systems	Defense groups - (armies, public health, organized religion, etc.)	Economic patterns of defense	What the sexes defend (home, honor, etc.)	What places are defended	The when of defense	Scientific, reli-gious & military training	Mass exercises & military games	Protection Defenses	Use of materials for protection
Exploitation	Communication networks	Organizational networks (cities, building groups, etc.)	Food, resources & industrial equipment	What men & women are concerned with & own	Property - what is enclose, counted, & measured	What periods are measured & recorded	School buildings, training aids, etc.	Amusement & sporting goods & their industries	Fortifications, medical equip-ment, safety devices	Contact with environment Technology

Abb. 29: Kategorien zur Untersuchung einer Kultur (nach Hall 1959: 80)

5.2.2.2 Dülfer: Schichtenmodell (1992)

Nachdem offensichtlich geworden ist, dass die Erfassung sämtlicher Kulturaspekte ausufernd und zur Erlangung von in interkulturellen Trainings vermittelbarem Wissen wenig sinnvoll ist, möchte ich nun das Schichtenmodell von Eberhard Dülfer (1992) präsentieren. Dieses wurde entwickelt, um für Unternehmen relevante Elemente des relevanten Kulturbereichs zu erkennen und zu analysieren.

„Das Ziel des Ansatzes von Dülfer [...] ist es, der Unternehmung durch ein besseres Verständnis ihrer kulturellen Umwelt die Möglichkeit eines verbesserten Managements ihrer zunehmend internationalen Interessen zu ermöglichen" (Forstmann 1994: 35). Nach Dülfer kann es nie eine vollständige Theorie zu Abhängigkeitsbeziehungen zwischen den Einflussfaktoren und Handlungsalternativen und daher auch kein in allen Fällen stichfestes Anwendungskonzept für Kontakte mit anderen Kulturen geben. Es geht ihm vielmehr um eine graduelle Reduktion der Umweltkomplexität durch Verbesserung des Informationsstands.

„In einem ersten Schritt werden [...] diejenigen soziotechnischen Systeme identifiziert, mit denen die Unternehmung auf Grund ihres Zielsystems in (horizontaler) Interaktion steht oder stehen wird" (Dülfer 1992: 198). Ein mögliches Ergebnis dieser Strukturanalyse ist in Abbildung 30 schematisch dargestellt.

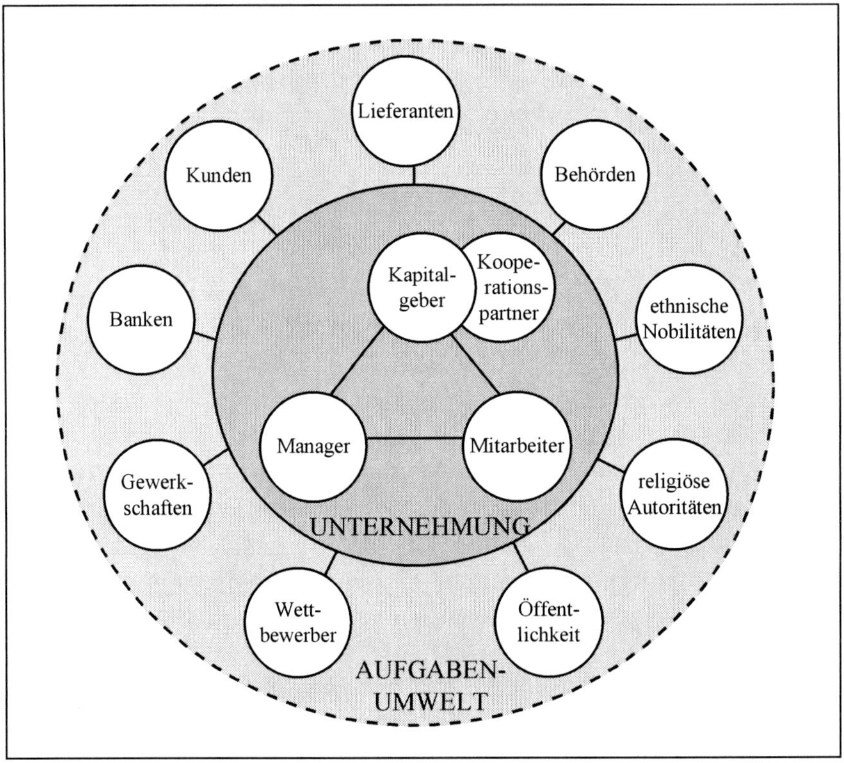

Abb. 30: Interne und externe Interaktionspartner (nach Dülfer 1992: 203)

„Im zweiten Schritt werden die natürlichen und kulturellen Umwelteinflüsse identifiziert, die auf die Interaktionspartner (vertikal) einwirken und somit deren Verhalten [...] beeinflussen" (Dülfer 1992: 198). Dülfer geht hierbei in 'Schichten' vor (vgl. Abb. 31), d.h. er unterteilt die globale Umwelt in dem Unternehmen fernere und nähere Einflussfaktoren und analysiert sie in ihrer Wirkung auf das Unternehmen hin. Die Schichten beeinflussen sich gegenseitig direkt (dargestellt durch die äußeren Pfeile) und indirekt über die jeweils nächsthöhere Schicht. Die Natur, aber auch der Stand der Realitätserkenntnis, d.h. die *„kulturell bedingten Fähigkeiten der Mitglieder einer Gesellschaft, die Realität (mit Hilfe naturwissenschaftlich-analytischer anstelle magisch-mythischer Konzepte) zutreffend zu erklären"* (Dülfer 1992: 181) bedingen den Entwicklungsstand der Technologie. Die

hierfür nötige analytische Forschung und praxeologische Umsetzung der Ergebnisse erfordern Kommunikation und Sprache. Technische und kommunikative Fähigkeiten ermöglichen Entstehung von allgemeingültigen Wertvorstellungen (z.B. Glaube, Prinzipien, persönliche Ziele). Wertvorstellungen wiederum sind Voraussetzungen für die Bildung von sozialen Beziehungen. Die Form dieser Beziehungen spiegelt sich in den rechtlichen und politischen Normen der Gruppe wider. Und diese Rahmenbedingungen beeinflussen nun unmittelbar die Interaktionspartner, das Unternehmen und den Mitarbeiter 'M'.

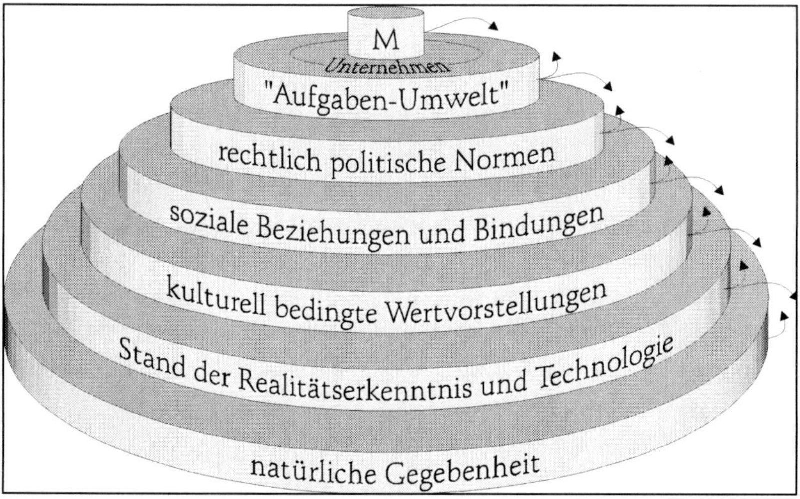

Abb. 31: Schichtenmodell der Umweltberücksichtigung (nach Dülfer 1992: 207)

Dülfer schließt an die Beschreibung dieses Modells beispielhaft eine inhaltlich-materielle Konkretisierung einiger typischer Phänomene und deren Auswirkungen an, doch eine vollständige Einzelfallanalyse muss in der Anwendung vom Entscheidungsträger selbst durchgeführt werden. Hinweise, auf welche Art und Weise dies geschehen soll, gibt Dülfer leider nicht. Forstmann meint zwar, die erfolgte Konkretisierung wäre hoch und Schlussfolgerungen für das Management daraus leicht zu ziehen (1994: 37), doch es können natürlich nicht alle Kulturregionen in dieser Ausführlichkeit von Dülfer behandelt werden.

Ob nun die Datenerhebung durch den Anwender etisch oder emisch erfolgt, bleibt diesem überlassen. Es werden ihm durch das Schichtenmodell lediglich einige Kategorien geboten, wobei es scheint, dass Platz für emische Konstrukte kaum mehr vorhanden ist.

5.2.2.3 Flechsig: Kulturelle Schemata (1998)

Als Vertreter der kognitiven Richtung möchte ich Karl-Heinz Flechsig anführen, der mit seiner Schematheorie eine Grundlage für einen weiteren KEA bietet. Seine Kernaussage lautet, dass Schemata für Informationsaufnahme, -verarbeitung und -speicherung dienen. Die Speicherung erfolgt in Kategorien, die in ein Netzwerk eingeordnet sind. Durch die Zuordnung von eingehender Information wird dieser Sinn gegeben, sie wird 'verstanden'. Wissen wird bewusst und unbewusst bei bestimmten Reizen abgespult und in Handlung umgesetzt (Flechsig 1998b).

Die Kulturbedingtheit von Schemata verdeutlicht Flechsig an einem Mehrebenen-Modell, in dem er fünf Stufen des Schemaerwerbs unterscheidet:

Nachdem Kulturen in verschiedenen Umwelten angesiedelt sind, unterscheiden sich die Sachverhalte, mit denen sich Menschen auf der ersten Stufe auseinandersetzen (Beispiel: ein Stück Brot essen). Diese Skripte werden in der zweiten Stufe zu abstrakteren Gebilden verknüpft und ergeben geistige Bilder. Diese sind nur durch Sprache erfahrbar, und somit noch stärker kulturspezifisch (Beispiel: Nahrungszufuhr). Auf der dritten Stufe befinden sich 'kulturelle Modelle' der einfacheren Art, die bereichsspezifische Schemata darstellen und je Kultur anders interpretiert und mit unterschiedlichen Maßnahmen gerbunden werden (Beispiel: Ernährung). Flechsig fügt eine vierte Ebene hinzu, die der komplexen kulturellen Modelle, die sich dadurch auszeichnet, *„dass auf ihr Werte und Normen, Menschenbilder und Weltbilder, Mythen und Lebensmuster in ganzheitlich-hochkomplexen Verbindungen"* (Flechsig 1998b) verankert sind.

1. episodische Repräsentation von erst- oder einmaligen Ereignisfolgen (als 'Skripte');
2. kategorische Repräsentation von wiederholter ähnlicher Erfahrung in Form von verallgemeinerten und abstrakteren Schemata;
3. hypothetische Repräsentation von 'Skriptwissen' als eine komplexe kausale Struktur mit vielen hypothetischen Wenn - Dann-Beziehungen (einfache kulturelle Modelle).
4. vernetzte Repräsentation von Werten, Menschenbildern und Lebensmustern (komplexe kulturelle Modelle).
5. Information zur Interpretation anderer Kulturen (kulturtheoretische Modelle).

Abb. 32: Stufen des Schemaerwerbs (nach Flechsig 1998b nach Schank / Abelson 1977, Holland / Quinn 1987, D'Andrade 1995, Mandl/ Spada 1988)

Wie kann diese Theorie im Rahmen von interkulturellen Trainings operationalisiert werden? Personen ohne interkulturelle Erfahrung versuchen zunächst, die neue Information in die vorhandenen Schemata zu pressen. Erst bei tieferem Kontakt kommt es zur Umstrukturierung der Schemata. Diese langwierige und schwierige Prozedur kann abgekürzt werden, indem von externer Seite eine fünfte Ebene der Wissenspräsentation eingeführt wird. Diese Ebene besteht aus kulturtheoretischen Modellen (z.B. Kluckhohn / Strodtbeck, Hofstede), d.h. aus *„Systeme[n] von Kategorien, denen die Autoren die Eigenschaft zuschreiben, auf prinzipiell alle Kulturen anwendbar zu sein“* (Flechsig 1998b), mit denen fremde kulturelle Modelle interpretiert werden können. Weiterhin müssen die eigenen Schemata auf allen Ebenen ausdifferenziert werden, damit transkulturelle (d.h. auf andere Kulturen übertragbare) Schemata entstehen. Dabei ist zu beachten, dass es für den Lernenden verständlicherweise schwieriger ist, ein Schema im Handlungsbereich umzusetzen als im Wahrnehmungsbereich. Zudem sind kognitive Schemata grundsätzlich Schemata in den Köpfen von Individuen, nie Kollektiveigenschaften (Flechsig 1998b).

Kulturelle Modelle sind nur bedingt über die fünfte Ebene erschließbar, denn diese gibt zwar fremden Ausprägungen von Kulturvariablen Sinn, aber keine Inhalte kultureller Modelle an. Diese müssen die Betroffenen im Kulturkontakt selbst ermitteln, da sich eine allgemeine Datenerhebung äußerst aufwendig gestalten dürfte und kaum für jeden Lebensbereich, jede Situation und gar Person vollzogen werden könnte.

Durch den Einbezug von 'traditionellen KEA' wird doch wiederum *„eine etische Position der Kulturbetrachtung"* (Flechsig 1998b) eingenommen. Nichtsdestotrotz bietet diese Theorie nützliche Ansatzpunkte für die Weiterentwicklung von KEA.

5.2.3 Emische Kulturerfassungsansätze auf Ebene der Organisationskultur

5.2.3.1 Johnson: Cultural Web (1992)

Gerry Johnson (dem strategischen Management entstammend) stellt mehrere Bereiche von Organisationskultur auf, die zu untersuchen sind, um Rückschlüsse auf die gesamte Organisationskultur ziehen und durch dieses 'culture audit' Ansatzpunkte für eine erfolgreiche Unternehmensrestrukturierung erhalten zu können. Paul Drechsel, Hartmut Behr und Bettina Schmidt übertragen diesen Ansatz auf den interkulturellen Bereich. So meinen sie, dass *„ein angemessenes Verständnis von Kulturen nur dann möglich [ist], wenn man alle Erscheinungsformen und Bedingungen gesellschaftlichen Handelns erfasst: lokale Rahmenbedingungen, Wirtschaftssystem, politisches System, Rechtssystem, Religion, Mythen, Symbole, Kunst etc. Diese Dimensionsvielfalt von Kulturen bezeichnen wir als 'Cultural Web'. Jede Kultur (auch Unternehmenskultur!) zeichnet sich durch eine spezifische Konfiguration dieser Dimensionen zueinander aus. Das kulturelle 'Paradigma' beinhaltet und artikuliert die jeweilige Konfiguration. Nur die materiellen Umstände, die Handlungs- und Verhaltensmuster der Akteure einer <u>jeweiligen</u> Kultur in einer <u>konkreten</u> Handlungssituation erlauben die Beschreibung und Analyse der jeweils* *relevanten kulturellen Dimensionen in ihrem spezifischen Zusammenhang"* (Drechsel / Behr / Schmidt 1998; Hervorhebungen im Original). Die Anwendung des 'cultural web' auf die Landeskultur entspricht den bereits unter 5.2.2 behandelten KEA, deshalb möchte ich mich fortab auf die Organisationskultur konzentrieren.

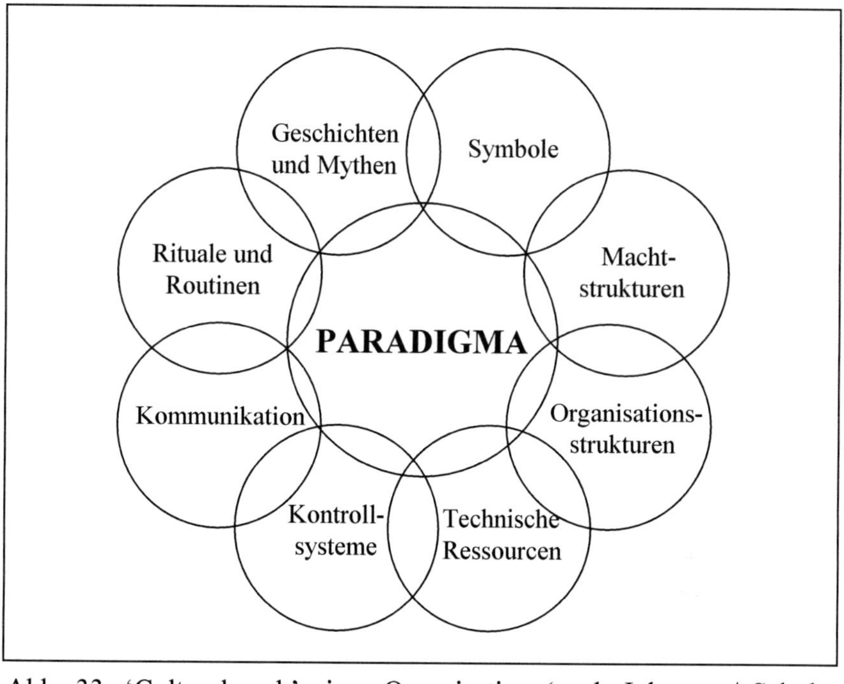

Abb. 33: 'Cultural web' einer Organisation (nach Johnson / Scholes 1993: 61; Drechsel / Behr / Schmidt 1998)

Die Autoren bezeichnen das Paradigma (vgl. 33) mit Schein als die *„deeper level of basic assumptions and beliefs that are shared by members of an organization, that operate unconsciously and define in a basic 'taken for granted' fashion an organization's view of itself and its environment"* (1985: 6). Zudem stellt es ein kognitives Schema dar (vgl. Flechsig in Kapitel 5.2.2.3), das eine relativ homogene Annäherung an die Interpretation der Komplexität, welcher die Organisation gegenüber steht, schafft. Außerdem liefert es ein Repertoire von Interpretations- und Handlungmöglichkeiten (Johnson 1992: 29). Durch eine quantitative oder auch qualitative Analyse von Geschichten, Mythen, Symbolen, Macht- und Organisationsstrukturen, Kontrollsystemen, Routinen, Ritualen, Kommunikation und technischen Ressourcen (siehe ausführlich Johnson / Scholes 1993: 60f, 165-170)[66] kann die Organisationskultur aufgedeckt werden, wobei Verflechtungen und gegenseitige Abhängigkeit mit berücksichtigt werden müssen.

Drechsel / Behr / Schmidt (1998) verweisen darauf, dass durch das Cultural Web die Beziehungen zwischen zwei oder mehreren Kulturen einschließlich ihrer wechselseitigen Beeinflussungs- und Veränderungspotentiale analysiert werden können. Wie sowohl die Beziehungsverhältnisse als auch die Dynamik aber tatsächlich, d.h. vor allem methodisch, festgestellt werden können, wird jedoch nicht erwähnt und bleibt schleierhaft.

Ich vermisse auch eine theoretische Untermauerung der Zusammenhänge der einzelnen Kulturbestandteile und ihre Rolle im Gesamtsystem - eine Auflistung relevanter Organisationskulturausprägungen und der Verweis auf ihre Vernetzung erscheint nicht ausreichend. Dass dieser Ansatz trotzdem eine praktikable Methode ist, zeigt sich in der geschäftsmäßigen Anwendung durch das Beratungsunternehmen der Autoren.[67] Ein großer Fortschritt anderen KEA gegenüber zeigt sich erstens darin, dass die jeweilige Situation des Kulturkontakts in die Analyse miteinbezogen wird, und zweitens, dass interkulturelle Beziehungsverhältnisse im Mittelpunkt stehen: D.h. es wird Rücksicht darauf genommen, dass im Kulturkontakt die jeweiligen Beteiligten nicht ihr kulturtypisches Verhalten zeigen, sondern auf den anderen eingehen (vgl. hierzu Kapitel *3.1.2 Interkulturelles Verhalten*).

[66] Diese Elemente entsprechen den gängigen Untersuchungsobjekten der Organisationskulturforschung. Weitere zu analysierende Ausdrucksformen von Organisationskultur erläutern Neuberger / Kompa (1987) und aus ethnologischer Sicht Helmers (1993).

[67] Ein Erfahrungsbericht dazu kann eingesehen werden unter http://www.oke-consult.de.

5.2.3.2 Cray / Mallory: Cognitive Approach to International Management (1998)

Cray und Mallory ziehen als Erfassungskriterium den 'Kognitions-framework' des Individuums und der Organisation heran (aufbauend auf ihrem Modell zur Kulturbedingtheit von Verhalten - vgl. Kapitel 3.1.1), mit Hilfe dessen die relative Wichtigkeit von Kultur und ihrer unterschiedlichen Ebenen für verschiedene Verhaltensweisen über eine Vielzahl von Gesellschaften hinweg systematisch evaluiert werden kann (1998: 145). Die Grundlage ihrer Theorie ist wie auch bei Flechsig, dass die 'frameworks', die innerhalb einer Kultur erworben wurden, selbst bei Veränderung der Umgebung bestehen bleiben und weiterhin Verhalten beeinflussen. Soll aber interkultureller Kontakt erfolgreich verlaufen, muss die Kognition verändert werden (Cray / Mallory 1998: 94). Bestandteile von Kognition und beispielhafte Auswirkungen sind folgende:

- Kategorien, in denen Wissen abgespeichert wird, ihre (v.a. kausale) Verbindungen untereinander und 'short cuts', um auf komplexe Situationen reagieren zu können (Anwendungsbeispiel: gleiche kognitive Strukturen von Angehörigen einer Gruppe innerhalb der Organisation mit Auswirkung auf deren kollektives Verhalten);
- Methoden der Zuordnung von neuer Information, d.h. Integration in die Kategorien durch Rationalisierung, Vereinfachung und Sinngebung (Anwendungsbeispiel: individuelle Art der Entscheidungsfindung);
- kognitive Stile, d.h. Dimensionen der 'Kognitions-frameworks' wie Komplexität oder Vollständigkeit, die kognitive Prozesse bestimmen (Anwendungsbeispiel: a) auf Individualebene die Präferenz von Managern für eine bestimmte Art von Informationen und b) auf Organisationsebene die Reaktion von Informationsverarbeitungsstrukturen auf die Umwelt als Mittel zum Geschäftserfolg.

Abb. 34: Bestandteile von Kognition (nach Cray / Mallory 1998: 93)

Im Gegensatz zu Flechsig geben Cray / Mallory auch Methoden der Datenerhebung und -interpretation an: mapping, Skripterstellung, repertory grids[68] etc.[69] Überdies gilt: *„The essence of all these techniques for analysing cognitive behaviour lies in understanding how individuals and groups interpret their immediate environment"* (Cray / Mallory 1998: 97). Es geht also sowohl um die Erfassung von unterschiedlichem Verhalten als auch dessen Ursachen.

Empirische Erkenntnisse liegen bisher nicht vor; die Autoren selbst fordern Untersuchungen in mehreren Ländern zu den verschiedenen Bereichen einer Organisation, um die kognitiven Muster innerhalb einer Kultur (also die emischen Ausprägungen) aufzudecken. Handlungsempfehlungen könnten daraus relativ einfach abgeleitet werden, doch müssen diese immer in Bezug auf die dahinterliegende Kognition gesehen werden. Die Frage, inwiefern ein 'Fremder' die spezifische Kognition einer Kultur annehmen kann und soll, bleibt offen. Dass zudem Denkprozesse trotz einer Vielzahl von Methoden nicht einfach aufdeckbar sind, insbesondere wenn es fremdkulturelle sind, geben Cray / Mallory selbst zu bedenken (1998: 110).

Ein Vorteil dieses KEA liegt darin, dass er sich nicht nur auf die statische Beschreibung von kulturellen Unterschieden beschränkt, sondern auch deren Ursachen ermittelt und die Möglichkeit des Kulturwandels durch die dynamische Betrachtung von Kognition miteinbezieht.

---

[68] Repertory grids sind *„ein teilweise strukturiertes projektives Befragungsverfahren, bei dem die Befragten aufgefordert werden, Objekte nach Beurteilungsdimensionen zu vergleichen, die sie selbst gestellt haben"* (Koschnick 1984: 525).

[69] Für weitere Informationen zu Methoden verweise ich auf die Originalquelle (Cray / Mallory 1998: 95ff) und einschlägige Literatur der Kognitionsanthropologie.

6. Theoretische Würdigung der Kulturerfassungsansätze

6.1 Allgemeine Probleme

Neben der inhaltlichen Darstellung verschiedener Arten von KEA wurde in Kapitel 5 schon auf Stärken und Schwächen der einzelnen Ansätze eingegangen. Doch wurden einige wichtige Probleme ausgespart, die ich nun umfassend für alle Ansätze anführen möchte. Natürlich gibt es nicht nur übergreifende Nachteile, sondern auch Vorteile - diese habe ich jedoch bereits im Kapitel *4.2 Notwendigkeit von Kulturerfassungsansätzen* besprochen.

1) Konzeptionelle Schwierigkeiten

1a) „absence of a unifiying theory“ (Cray / Mallory 1998: 13)

Nicht nur für den Bereich der KEA, sondern gesamt für den des interkulturellen Verhaltens mangelt es an einer allumfassenden Theorie. Grund hierfür ist die Diversität der beteiligten Disziplinen und der theoretischen Standpunkte innerhalb einer Fachrichtung. In der Organisationskulturforschung bezieht sich das Interesse der Forscher je nach ihrer akademischen Herkunft auf eine andere analytische Ebene (Individuum, Gruppe, Gesamtorganisation). So resultiert eine reiche Anzahl verschiedener Untersuchungsobjekte, seien es kulturelle Werte, Managementaufgaben oder kognitive Strukturen von Mitarbeitern. Durch die Unterschiedlichkeit der methodischen Verfahren sind die Ergebnisse der Untersuchungen selten miteinander vergleichbar oder etwa gar ergänzend. Das Problem des Theoriemangels verstärkt sich durch die allgemein verbreitete Konzentration auf kulturelle Unterschiede - Gemeinsamkeiten, die eine universale Theorie konstituieren könnten, werden vernachlässigt (Cray / Mallory 1998).

Doch auch jeweils die einzelnen Disziplinen können oft keine theoretische Substanz vorweisen. So versuchen die jeweiligen Wissenschaftler allein durch empirische Daten allgemeingültige Aussagen zu erstellen - deutlich erkennbar in der enormen Summe empirischer Studien weltweit. Aber: „*Without denying that careful empirical research can provide interesting material for debate [...], it is futile to expect that 'data' will 'solve' the problem*" (Alvesson 1993: 90).

1b) Fehlende theoretische Definition und Konzeptualisierung des Kulturbegriffs

Die unendliche Diversität von beteiligten Forschungsfeldern mündet in einer entsprechend großen Vielzahl an Kulturkonzepten (vgl. Kapitel 2.1.1). Dies bedingt wiederum die Aufrechterhaltung der Grenzen zwischen den Disziplinen mit den unter 1a) angesprochenen Konsequenzen.

Oft wird versäumt, den Kulturbegriff zu operationalisieren, d.h. die abhängigen und unabhängigen Variablen (Kiechl 1990) und deren Inhalte anzugeben. Meist wird unterstellt, Kultur beeinflusse Verhalten (also implizite Auffassung von Kultur als unabhängige und Verhalten als abhängige Variable), doch:[70] „*There is, however, little indication of what culture is and, more significantly, how it works through into behavior*" (Cray / Mallory 1998: 59).

1c) Schwächen des Konzepts 'Nationalkultur'[71]

Fast alle genannten KEA stellen auf die Ebene der Nationalkultur ab, meist weil auf dieser Ebene Daten am einfachsten zu erheben sind und außerdem die Nachfrage von seiten der Praxis danach besteht. Die Aussagen eines KEA über eine ganze Nation sind jedoch in dem Sinne zu relativieren, dass sie nicht für alle dort ansässigen Bevölkerungsgruppen zutreffen. Einige der KEA beziehen sich daher explizit auf eine

---

[70] Für mögliche Zusammenhänge und kulturelle Variablen vgl. Kapitel *2.2 Kulturebenen* und *3.1 Verhalten.*

[71] Für detaillierte Ausführungen zu dieser Problematik siehe Kapitel *2.2.2 Institutionelle Ebenen.*

Kultur, nicht auf eine *Nation*, und überlassen es dem Forscher, auf welche Gruppe er den Ansatz anwendet. Doch selbst dann stellt sich die Frage der:

1d) Subkulturen[72]

Die meisten KEA ignorieren Subkulturen innerhalb ihres Untersuchungsobjekts. KEA auf Landesebene lassen so Regionen, Religionszugehörigkeit, Sprachgruppen, Stadt- / Landdifferenzen, etc. außer Acht, und KEA auf der Ebene von Organisationskulturen gehen nicht auf Berufsgruppen, Branchen, Alter und Geschlecht der Mitarbeiter ein. Einige der emischen Ansätze haben es sich zur Aufgabe gemacht, Einflüsse subkultureller Gruppen aufzudecken, doch dürfte es schwierig sein, diese von anderen Einflüssen zu separieren.

1e) Nichtberücksichtigung individueller Eigenheiten

Stillschweigend gehen die KEA darüber hinweg, dass es noch andere verhaltensbeeinflussende Faktoren als die Kultur gibt, wie z.B. die individuellen Eigenschaften eines Menschen. Diese können innerhalb einer Kultur so unterschiedlich sein, dass die Frage aufgeworfen wird, wo überhaupt kulturelle Gemeinsamkeiten liegen. Demnach können sich zwei Personen aus verschiedenen Ländern ähnlicher sein als zwei Landsleute (Hofstede 1984: 31). Dieses Phänomen kann ein KEA nicht ergreifen: Alle Menschen werden in 'einen Topf geworfen', der mit der Aufschrift eines Landes versehen wird. Dies nennt man eine 'ökologische Analyse', deren Aussagen nicht auf Individuen angewandt werden dürfen (Hofstede 1984: 24f). Und so *„the classic problem of inferring individual differences from ecological correlations comes to the forefront"* (Brislin 1983: 391). Denn wenn diese Ergebnisse in einem interkulturellem Training vermittelt werden, entstehen leicht Stereotype bei den Teilnehmern, die genau von diesen absehen und die 'wahre' Kultur kennenlernen sollen.

1f) Nichtberücksichtigung der Situation

Wie sich ein Mensch verhält, hängt nicht nur von seiner Kulturzugehörigkeit oder seinen persönlichen Eigenschaften ab, sondern auch im

---

[72] Vgl. auch hierzu Kapitel *2.2.2 Institutionelle Ebenen.*

erheblichen Maße von der aktuellen Situation, in der er sich gerade befindet. Dementsprechend müsste der jeweilige Kontext durch einen KEA miterfasst werden. Doch er stellt eine zu große globale und diffuse Variable dar, als dass er gemessen und in die Kausalanalyse miteinbezogen werden könnte. Offen bleibt also die Frage, *„welche Aspekte von Kultur unter welchen Konditionen zu welcher Art Verhalten führen“* (Ronen 1986: 46f). In den kognitiven (emischen) KEA wird dies zu integrieren versucht, indem kognitive Strukturen untersucht werden, welche die Wahrnehmung der jeweiligen Situation determinieren.[73]

1g) Statische Kulturerfassung

KEA erfassen eine Kultur zu einem Zeitpunkt und propagieren die Ergebnisse als unveränderliche kulturelle Merkmale. Kultureller Wandel und Faktoren, die eine Kultur verändern, bleiben außen vor. Zwar kommt es zuweilen zu Wiederholungsstudien (vgl. Hofstedes oder Schwartz' Arbeit) oder Replikationsstudien durch andere Wissenschaftler[74], aber an Langzeitstudien mangelt es nach wie vor, wie Brislin es schon 1983 konstatierte. Auch sprechen Autoren einiger emischer Ansätze (wie an dortiger Stelle auch erwähnt, vgl. Kapitel 5.2.3.1) von dynamischer Erfassung, doch bleibt unklar, wie diese methodisch umgesetzt wird.

1h) Missachtung kultureller Interaktion

„Wissen um Ähnlichkeiten oder Unterschiede zwischen zwei Kulturen hilft nur bedingt, um Probleme in spezifischen Interaktionsbeziehungen [...] erfassen und lösen zu können. [...] Der Erkenntniswert kulturvergleichender Untersuchungen [...] bezieht sich [...] im Grund genommen nur auf <u>intra</u>kulturelle Interaktionen im Kontrast. Beschrieben wird somit lediglich ein [...] Teil der Voraussetzungen <u>inter</u>kultureller Prozesse“ (Bolten 1995: 25, Hervorhebungen im Origi-

---

[73] Vgl. Kapitel *5.2.2.3 Flechsig: Kulturelle Schemata (1998)* und Kapitel *5.2.3.2 Cray / Mallory: Cognitive Approach to International Management (1998).*

[74] Siehe beispielsweise Bochners und Hesketh Replikationsstudie zu Hofstedes Machtdistanz und Individualismus (1994). Einen Überblick über Replikationsstudien speziell zu Hofstede gibt Sondergaard (1994).

nal). Die meisten KEA bleiben transkulturell, d.h. sie implizieren eine vollständige Anpassung an die andere Kultur, und missachten, dass die Kulturen beim Kontakt eine Synergie eingehen, in der neue Verhaltensweisen, die für keine der beiden Kulturen typisch sind, auftreten (Cray / Mallory 1998). Das Wissen über Unterschiede von Kulturen bringt noch keine Handlungsfähigkeit hervor, sondern nur eine grobe Orientierung. Hinzukommend muss die 'Interkultur', das 'Dazwischen' aufgedeckt und vermittelt werden (Bolten 1995).

1i) Mangelnder Praxisbezug

„The current literature has very little to offer either in practical terms or in underlying theories which might assist the manager in this task" (Cray / Mallory 1998: 6). Die KEA liefern zwar wichtige Ergebnisse zu kulturellen Unterschieden auf den verschiedenen Ebenen, doch werden diese Ergebnisse selten zu Anweisungen für die Praxis weiterverarbeitet. Die untersuchten Konzepte wie Basisannahmen und Werte bleiben zu abstrakt, als dass sie Managern und Mitarbeitern im konkreten Umgang miteinander weiterhelfen könnten. Zudem werden tatsächliche Probleme des Managements nicht aufgegriffen (Keller 1982).

2) Methodologische Schwierigkeiten (Validität)

2a) Ethnozentrismus

Jede kulturvergleichende Studie ist ethnozentrisch, da sie sich mit den Unterschieden der anderen Kultur befasst und dabei übersieht, dass die Unterschiede auf beiden Seiten liegen (Cray / Mallory 1998: 17). Da jeder Wissenschaftler von seiner eigenen Kultur geprägt ist, fließen seine Werte in die gesamte Konzeption der Studie (Wahl des Forschungsobjekts, der Methoden, der Datenerhebung, -auswertung, -interpretation, etc.) ein. Dieser Nachteil könnte durch den Einbezug von Wissenschaftlern aus anderen Kulturen[75] oder Mitspracherecht der zu untersuchenden fremdkulturellen Personen vermindert werden (Brislin 1983). Interkulturelle Zusammenarbeit beschränkt sich meist auf den Einbezug von fremdkulturellen Mitarbeitern in Beratung und Ausfüh-

---

[75] Aber so lange nicht Vertreter *jeder* einzelnen Kultur auf der Welt oder zumindest eine sehr hohe Anzahl verschiedenkultureller Wirssenschaftler miteinbezogen sind, weist die Untersuchung immer einen 'bias' einer / mehrerer Kulturen auf.

rung; auf leitender Ebene sind alle Wissenschaftler der westlichen Hemisphäre zuzurechnen (Ausnahme: 'Chinese Culture Connection'). Eine Offenlegung der Werte und Einstellungen des Forschers könnte schon weiterhelfen - auf jeden Fall, um die Ergebnisse der Studie in deren Licht zu sehen.[76] Voraussetzung dafür ist natürlich die Bewusstheit der eigenen Kulturbedingtheit auch beim Wissenschaftler (Brislin 1983).

2b) Fokussierung auf Manager

Bei fast allen empirischen KEA stehen Manager im Mittelpunkt, sei es als Untersuchungsgruppe oder als Zielgruppe (Ronen / Kraut 1977: 90). Dazu ist einiges anzumerken: Erstens besteht eine Nationalkultur aus vielen anderen Berufsgruppen. Zweitens konstituieren Manager oft ihre eigene Subkultur, die erhebliche Unterschiede zur 'typischen Landeskultur' beinhaltet. Drittens betrifft die interkulturelle Problematik nicht nur Manager, sondern auch andere Mitarbeiter. Denn schließlich muss nicht nur die Führungskraft mit seinen Untergebenen zurechtkommen, sondern auch der Untergebene mit seinem fremdkulturellen Chef, Kollegen, Kunden, Lieferanten, usw.

Es sind auch nicht nur immer Unternehmen, die der interkulturellen Problematik gegenüberstehen, sondern auch andere Organisationen, wie staatliche Institutionen (Behörden, Universitäten, Krankenhäuser) und NGOs (z.B. Kirchen, Organisationen der Entwicklungszusammenarbeit), so dass auch Beamte, Studenten, Ärzte, Seelsorger, Entwicklungshelfer usw. in Studien berücksichtigt werden müssten.[77]

2c) Sprachliche Probleme

Sprachliche Probleme treten bei empirischen Studien auf, wenn Begriffe übersetzt werden müssen, die Konstrukte bezeichnen, die in der anderen Kultur nicht vertreten sind und somit dort auch kein

---

[76] Hofstede führt dies an der eigenen Person in einem Kapitel von 'Culture's Consequences' (1980) vor.

[77] Ganz ausgespart wurde dieser Untersuchungsbereich nicht, doch im Verhältnis zu Studien im Unternehmensbereich fällt er eher gering aus.

sprachliches Adäquat zugewiesen bekommen können.[78] Die Sprache ist aufs Engste mit dem Denken und der Weltanschauung einer Kultur verbunden, so dass der gesamte gedankliche Komplex, der hinter einem Begriff steht, mitgeliefert werden müsste (Keller 1982).

In den meisten Untersuchungen wird vorausgesetzt, dass ein Begriff weltweit mit derselben Bedeutung verbunden wird. Doch z.B. sind 'Freiheit', 'Führung' und 'Mitarbeiterpartizipation' in den verschiedenen Kulturen mit ganz anderen Vorstellungen verbunden (Cray / Mallory 1998; Ronen 1986). So ist es wichtig, nicht nur den Begriff sprachlich zu übersetzen, sondern auch auf konzeptuelle Äquivalenz zu achten (Berry 1969).

2d) Mangel an Interdisziplinarität

Obwohl Wissenschaftler so vieler verschiedener Disziplinen KEA erstellt haben, kann man nicht von einem (insbesondere nicht von einem etischen) KEA behaupten, er wäre interdisziplinär entstanden (Keller 1982).[79] Die Forderung nach Interdisziplinarität als auch die unter 2a) beschriebene Beteiligung von Wissenschaftlern aus anderen Kulturen entstammt der interpretativen Richtung (Keller 1982), um 'wissenschaftlichen' und kulturellen Ethnozentrismus zu verringern.

Die eben genannten Punkte stellen noch keine abschließende Würdigung von KEA dar. Es ist weiterhin nötig, getrennt auf die Vor- und Nachteile etischer und emischer Ansätze einzugehen, bevor im empirischen Teil zudem die Meinung der Praktiker vorgestellt wird:

6.2 Vor- und Nachteile der etischen Kulturerfassungsansätze

Viele der etischen KEA wurden empirisch entwickelt - auf statistischem Wege (wie z.B. bei Hofstede, Schwartz oder Thomas) oder auf Lebenserfahrung beruhend (wie z.B. bei Hall) - und unzureichend theo-

---

[78] So gibt es z.B. für die deutsche 'Gemütlichkeit' keinen angemessenen Begriff im Englischen.

[79] Als interdisziplinär könnte man am ehesten noch das 'Cultural Web' bezeichnen, das von einem Betriebswirt entwickelt und von Ethnologen weiterverarbeitet worden ist (vgl. Kapitel 5.2.3.1).

retisch fundiert. Vor allem den Erfassungskategorien (wie Dimensionen oder Kategorien) mangelt es an einer theoretischen Basis: *„...the link between the dimensions [...] and the underlying theory is vague and contradictory“* (Cray / Mallory 1998: 57).

Werden tatsächlich Theorien angewandt, sind es solche, die im Westen entwickelt wurden (z.B. das Konzept des Individualismus). So kommt es, dass die meisten etischen KEA nicht etisch im strengen Sinne, d.h. universal gültig sind. Sie enthalten emische Konstrukte einer bestimmten Kultur, die als absolute Erfassungskriterien gehandhabt und den fremden Kulturen ‘übergestülpt’ werden (Gries / Voigt 1989: 171). Wenn in der Konzeption von KEA nun weitere Kulturen herangezogen werden, stellt sich heraus, dass sich die empirisch ermittelten Erfassungskriterien verändern, bzw. komplett neue erscheinen (vgl. Schwartz oder Chinese Culture Connection). Doch selbst wenn dies bei der Erstellung berücksichtigt wird, kann der KEA immer nur eine begrenzte Anzahl an Dimensionen und Kategorien enthalten für eine schier unendliche Zahl sich ständig wandelnder Kulturmerkmale.

Die augenscheinliche Objektivität der Daten entspricht der Überbewertung ‘harter Fakten’ (am deutlichsten erkennbar in der Darstellung von Kulturen anhand von Zahlen) und der Favorisierung quantitativer Erhebungsmethoden in den meisten der beteiligten Wissenschaftsbereiche und der Managementpraxis (Keller 1982). Trotz Verfeinerung der Messungen konnten seit Hofstedes Opus keine Erkenntnisfortschritte mehr erzielt werden (Keller 1982). Dies ist eventuell dadurch erklärbar, dass Kultur nur bedingt ‘messbar’ ist - die sogenannten ‘pen and paper’-Methoden können kulturelle Variablen wie gelebte (und nicht nur angestrebte) Werte (Sondergaard 1994) oder tatsächliches (und nicht nur sozial erwünschtes) Verhalten nur bedingt erfassen.[80]

Durch die Kategorisierungen werden neue Stereotype aufgebaut, alte Stereotype noch mehr verbreitet, und es wird ihnen ein wissenschaftlicher Anstrich verliehen (Lehrstuhl für Sprachwissenschaft II o.J. b).

---

[80] Zur Problematik der Validität von quantitativen Methoden siehe ausführlich Ronen (1986) oder Keller (1982).

Bei der Umsetzung in interkulturellen Trainings ist zu bemerken, dass für Personen ohne interkulturelle Erfahrung die Systeme der Dimensionen oder Kategorien zu abstrakt sind. Sie können zudem wenig Verständnis dafür aufbringen, dass man eine Kultur auf wenige Kennwerte reduziert (Bittner / Reisch 1994). Auslandskenner prüfen das Raster daraufhin, ob die eigene Erfahrung in die Kategorien integrierbar ist - wenn ja, erleben sie oft einen 'aha-Effekt', wenn nicht, lehnen sie den KEA komplett ab (Bittner / Reisch 1994).

Trotz dieser langen Liste an Kritikpunkten spielen die etischen KEA in der interkulturellen Wissenschaft und Praxis eine große Rolle. In Trainings und Praxishandbüchern helfen sie in erster Linie, ein Orientierungsraster zu entwickeln (Moosmüller 1993: 273), in dem die verschiedenen Kulturen in Beziehung zueinander gesetzt werden können. Die Kulturgebundenheit des Einzelnen wird deutlich, wenn man die Ausprägungen der verschiedenen Kulturen auf den Skalen / Kategorien/ Rangordnungen etc. betrachtet. In dieses Raster können beim interkulturellen Lernen (im Training und v.a. im interkulturellem Kontakt) weitere Daten eingefügt werden. Die Vierquadrantenschemata werden hierbei gerne als verständliches Darstellungsmittel von kulturellen Unterschieden eingesetzt.[81]

Auf wissenschaftlicher Seite dienen die etischen KEA durch die Aufweisung von Kulturkontrasten als Ausgangspunkt für weiterführende und vertiefende Studien. Ausgehend vom Problem der Komplexität von Kultur meint der Lehrstuhl Sprachwissenschaft II (o.J. b) hierzu folgendes: *„Am aussagereichsten scheinen Beschreibungen von Kulturunterschieden dann zu sein, wenn kleine und ausgewählte sowie gut zu begrenzende Kommunikationsbereiche untersucht werden."* So werden häufig einige der Erfassungskategorien aufgegriffen, um spezielle, eng umgrenzte Themen wie z.B. Führung und Organisation in anderskulturellen Umgebungen zu studieren (siehe beispielsweise Bass 1981; Berry 1992).

---

[81] Verschiedene Vorteile des Vierquadrantenschemas geben ausführlich Beck und Moore (1985) an.

Schließend kann gesagt werden, dass auf Grund theoretischer und methodischer Mängel den etischen KEA nicht die objektive und universale Gültigkeit zugewiesen werden kann, die sie selbst propagieren. Sie können als grundlegende Orientierung dienen, doch dürfen ihre Ergebnisse nicht überinterpretiert oder gar als allumfassende Darstellung einer Kultur angenommen werden.

6.3 Vor- und Nachteile der emischen Kulturerfassungsansätze

Emische Ansätze streben nach Überwindung der Schwächen der etischen KEA. So versuchen sie, durch die Darstellung der Innensicht einer Kultur Verstehen zu bewirken, anstatt durch kontrastierende Darstellung mehrerer Kulturen lediglich Differenzen aufzuweisen. Auf diese Art soll 'richtiges' Verhalten und Handlungsfähigkeit im interkulturellen Kontakt eher möglich gemacht werden. Auch die methodischen Mängel sollen verringert werden, indem nicht länger versucht wird, eine Kultur zu messen. Doch diese neue konzeptionelle Sicht und das neue methodische Vorgehen werfen andere Probleme auf.

Durch die Definition „eine Gesellschaft / Organisation *ist* eine Kultur" und damit die Hervorhebung des Faktors Kultur als dominierend in allem Denken und Tun der Menschen ist der Stellenwert von Kultur nicht mehr problematisierbar. *„Die Frage, ob Unterschiede im internationalen Mangement auf kulturelle oder auf politische, rechtliche, sozioökonomische etc. Faktoren zurückzuführen sind, wird auf diese Weise ausgeblendet"* (Osterloh 1994: 112). Oft werden durch den Rückgriff von Kultur als bestimmender Faktor für Handeln situative und persönliche Gegebenheiten nicht weiter beachtet (vgl. z.B. Halls 'map of culture' in Kapitel 5.2.2.1).

Die Diversität unter den emischen KEA führt dazu, dass nicht von einem einheitlichen wissenschaftlichen Streben, geschweige denn von einer allgemeinen Theorie gesprochen werden kann. Wollnik (1995) listet allein für die Organisationskulturforschung 14 KEA auf, die in nichts als der wissenschaftstheoretischen Grundforderung übereinstimmen. Oft stellen dabei einige Ansätze lediglich Anleitungen zum methodischen Vorgehen ohne weitere konzeptionelle Ausgestaltung dar (siehe z.B. das 'Cultural Web' in seiner Originalfassung von Johnson 1992).

„Schließlich muss zugestanden werden, dass sich der interpretative Ansatz bisher vorzugsweise um die Analyse von 'kleinen Lebenswelten', d.h. von Gruppen mit face-to-face Kontakten gekümmert hat" (Osterloh 1994: 112f). Eine praktikable Anwendung auf komplexe Großgesellschaften ist nach wie vor nicht erarbeitet worden.

Auf methodischer Seite ist zu beachten, dass sich die Datenerhebung, auch wenn sie nur auf ein spezielles, praxisnahes Problem bezogen (Keller 1982) und nicht auf die Gesamtkultur wie in Halls Ansatz wird, äußerst zeitaufwendig und kostenintensiv gestaltet (Schmid 1996). Die Abdeckung sämtlicher Lebensbereiche und Subkulturen, der Methodenmix, der Einbezug Einheimischer, etc. erfordern bei weitem mehr Ressourcen als eine quantitative Studie.

Die erworbenen Ergebnisse sind auf Grund ihres Zuschnitts auf ein spezielles Problem und der Unterschiede in der wissenschaftstheoretischen Konzeption nicht vereinbar mit den Ergebnissen anderer (emischer oder etischer) Untersuchungen (Schmid 1996) und auch nicht übertragbar auf andere Fälle. Vergleiche zwischen Kulturen können nur dann angestellt werden, wenn sie auf ähnliche Weise (theoretisch und methodisch) und im selben Teilbereich untersucht worden sind. Doch selbst dann kann ein Vergleich nur auf sehr abstrakter Ebene durchgeführt werden, denn die betrachteten emischen Konstrukte sind stark an ihre jeweilige Umwelt gebunden und nur in Verbindung mit dieser einer anderen Kultur gegenüberzustellen (Keller 1982).

Von seiten der quantitativen Forschung wird den qualitativen Methoden häufig mangelnde Repräsentativität, Objektivität, Reliabilität und Übertragbarkeit vorgeworfen, doch zu beachten ist, dass die qualitative Forschung nicht mit den Gütekriterien der quantitativen zu beurteilen ist (Schmid 1996). Ihr Maßstab ist nicht 'Messen', sondern

'Verstehen', und dafür bedarf es anderer Methoden und entsprechender Beurteilungskriterien.[82]

Diese 'weichen Methoden' sind in Wissenschaft und Management noch kaum akzeptiert, von daher stoßen interpretative Ansätze häufig auf Skepsis. Zudem können noch kaum empirische Resultate geliefert werden, die im interkulturellen Bereich und insbesondere im Training verwertet werden könnten. Bei Trainings stellt sich zudem die Frage, wie die hohe Komplexität von Kultur, auf welche die emischen KEA Wert legen, in so kurzer Zeit (interkulturelle Trainings dauern meist nicht mehr als drei Tage) vermittelt werden kann.

Die Wichtigkeit, die andere Kultur zu verstehen, kann nicht genug hervorgehoben werden, denn nur wenn der Akteur ein gewisses Grundverständnis erworben hat, kann er erfolgreich mit Angehörigen der anderen Kultur interagieren. Die Aufdeckung der Ursachen von Verhalten ist ein zentrales Thema, das einen großen Fortschritt gegenüber den etischen KEA darstellt, die sich damit begnügen, Verhaltensunterschiede kontrastierend gegenüber zu stellen.

Eine Zukunft der emischen Ansätze ist in der Untersuchung praxisnaher Probleme im Einzelfall zu erkennen, wie z.B. bei der Beratung zu einer Unternehmensfusion: Datenerhebung, -auswertung und Anwendung der Ergebnisse könnte vor Ort anhand real auftretender Konflikte mit Hilfe der Mitarbeiter durchgeführt werden. Eine Anwendung der emischen KEA auf ganze Kulturen zur Ableitung von in interkulturellen Trainings vermittelbarem Wissen ist kaum vorstellbar.

---

[82] Schmid erläutert einige Beurteilungskriterien für die qualitative Forschung (1996: 307f).

7. Ableitung der Hypothesen

Bei der Literaturstudie und der Ausarbeitung obiger theoretischer Erkenntnisse fiel auf, dass in den letzten Jahrzehnten eine Vielzahl von KEA entwickelt worden ist. Viele von ihnen sind von anderen Wissenschaftlern aufgegriffen, weiterverarbeitet und in neuer Gestalt präsentiert worden (Beispiel: die Werteorientierungen von Kluckhohn / Strodtbeck). Andere gerieten vollkommen in Vergessenheit und sind höchstens noch indirekt und fragmentarisch in anderen KEA enthalten (Beispiel: Morris). Wieder andere haben erst vor kurzem das Licht der Welt erblickt und befinden sich noch in Verbreitung (Beispiel: Cray / Mallory).

Schier unendliches Material existiert zu der Methodik und Durchführung von interkulturellen Trainings, das z.T. von Wissenschaftlern, z.T. von Praktikern geliefert wird. Erstaunlich ist jedoch, dass in diesem Material wenig auf die Einbindung von KEA eingegangen wird. Trotzdem kann man bei den meisten tatsächlich durchgeführten interkulturellen Trainings immer wieder Namen wie Hofstede oder Trompenaars und Konzepte wie Individualismus oder Einstellung zu Raum und Zeit vernehmen. Zuweilen gleicht ein Training einer perfekten Anwendung eines KEA wie nach Lehrbuch. Zuweilen kann man die ursprünglichen Autoren und KEA nur mehr mit Mühe in den vielen Versatzstücken erkennen. Und dies ist der Punkt, wozu es kaum Erkenntnisse in der Literatur gibt: Wie werden KEA effektiv angewendet? Können sie in ihrer Wissenschaftlichkeit überhaupt praktisch relevant sein? Was sind die 'wahren' Bedürfnisse der interkulturellen Trainingsinstitute?

Der Mangel an schriftlich niedergelegtem Wissen hierzu wird nicht zuletzt darin begründet, dass Anbieter von KEA den Wissenschaften zuzurechnen sind und Nachfrager aus der Trainingspraxis stammen.

Wissenschaftler und Praktiker sehen sich als getrennte Gruppen und von anderen Interessen geführt, so dass wenig Zusammenarbeit geleistet wird.

Um diese Kluft überbrücken und das Wissensloch füllen zu helfen, entschloss ich mich, der theoretischen Studie von KEA eine empirische folgen zu lassen, in der die praktische Relevanz von KEA untersucht werden soll. Spezieller Augenmerk liegt darauf, welche von den KEA ihren Weg in die Praxis schaffen, wofür sie benötigt werden und inwieweit sie gegebenenfalls von ihren Anwendern abgeändert werden.

Um eines klar zu stellen: In dieser Arbeit geht es nicht um die Effektivität von interkulturellen Trainings. Vielmehr steht nur ein Teil der interkulturellen Trainings im Mittelpunkt der Untersuchung: die KEA. Es soll aufgewiesen werden, wie sie der erfolgreichen Vermittlung von interkultureller Kompetenz dienen können. Dieser Beitrag kann nicht direkt gemessen werden: Hierfür wäre es notwendig, all die verhaltensbeeinflussenden Faktoren und ihre Gewichtung im interkulturellen Kontakt zu kennen, um erstens den Einfluss von interkulturellen Trainings feststellen und zweitens innerhalb dieses Einflusses speziell den der KEA herausfiltern zu können. Es existieren zwar schon ansatzweise theoretische Modelle zu den Zusammenhängen von Verhalten und interkulturellem Training (vgl. Kapitel *3.1 Verhalten*), doch noch keine zum Zusammenhang von interkulturellem Training und KEA. Also ist ein weiterer zu erforschender Punkt, wie die für interkulturellen Trainings grundlegenden Zusammenhänge von Verhalten - Trainings - KEA gesehen werden.

Die empirische Untersuchung besteht aus einigen Interviews mit Experten aus dem interkulturellen Trainingsbereich und basiert auf sowohl einem hypothesentestenden als auch einem explorativen Teil. Im Ersten gilt es folgende alternative Hypothesen zu prüfen:

1. Die Integration von etischen KEA in interkulturelle Trainings erfolgt explizit (z.B. durch Hinweise auf Kulturdimensionen).
2. Die Integration von etischen KEA in interkulturelle Trainings erfolgt implizit (z.B. als Erklärungshintergrund für Einzelinformationen).
3. Bei interkulturellen Trainings wird auf etische KEA verzichtet, stattdessen treten emische KEA ein.
4. Bei interkulturellen Trainings werden keine KEA eingesetzt.

Abb. 35: Zu prüfende Hypothesen

Der Zweite orientiert sich an diesen Fragen:

1. Welche etischen KEA werden bei interkulturellen Trainings verwendet?
2. Welche emischen KEA werden bei interkulturellen Trainings verwendet?
3. Welche Methoden werden in interkulturellen Trainings angewandt, wenn keine KEA verwendet werden?
4. Was wird mit dem Einsatz von KEA zu erreichen versucht?

Abb. 36: Explorative Fragen

Ich verzichte an dieser Stelle auf Erläuterungen der Hypothesen und Fragen und verweise auf die Ableitung der Interviewleitfäden, in denen die eben genannten Fragestellungen weiter aufgeschlüsselt und operationalisiert werden (siehe Kapitel 8.2.1.2).

Es soll darauf hingewiesen werden, dass die vorliegende Untersuchung keine repräsentative Widerspiegelung der z.Zt. in der interkulturellen Praxis vorherrschenden Meinungen darstellen soll, sondern lediglich ein Aufweisen von möglichen Ansichten und Tendenzen. Dazu bieten sich qualitative Erhebungsverfahren an. Aus diesem Grund wird es keine statistische Auswertung nach Häufigkeiten und Korrelationen geben, sondern eine eher interpretative Darstellung der empirisch gewonnenen Ergebnisse.

8. Empirischer Teil

8.1 Vorbereitung der Interviews

8.1.1 Erstellung der Interviewleitfäden

8.1.1.1 Analyse von schriftlichem Informationsmaterial

Auch wenn ein offenes Gespräch Ziel der Interviews war, erschien es nötig, einen Leitfaden zu erstellen, denn erstens gab es einige Punkte, die nur mit geschlossenen Fragen zu ermitteln waren, zweitens diente der Leitfaden als Anhaltspunkt, welche Themen anzusprechen sind, und drittens konnte auf den Leitfaden zurückgegriffen werden, wenn das Gespräch ins Stocken kam.

Die Leitfäden (warum es mehrere sind, wird in Kapitel *8.1.1.2 Aufbau der Leitfäden* erläutert) wurden gleichzeitig theoriegeleitet und an der Praxis orientiert erstellt. Zeitlich an erster Stelle gelagert war ein intensives Literaturstudium, dessen Ergebnisse in den Kapiteln 2-6 nachzulesen sind. Die hierbei aufgedeckten Erkenntnislücken resultierten in den in Kapitel 7 formulierten Hypothesen und in folgenden Fragen, die ich in die Leitfäden integrierte:

- ***Welche KEA werden in interkulturellen Trainings verwendet?*** (vgl. I: 17, 18, 22b, 23, 30, 31, II: 16, 17, III: 16, 17)
- ***Wie werden sie dabei modifiziert?*** (vgl. II: 24, III: 24)
- ***Welche weiteren Ansätze sind bekannt?*** (vgl. I: 22-23, 30, 31, II: 20, 26, 27, III: 20, 28)
- ***Wie werden die verschiedenen KEA beurteilt?*** (vgl. I: 19, 22a, 22b, 24, 26, 30, 31, II: 20-23, 25, 28, III: 20-23, 25-27)

Abb. 37: Aus dem Literaturstudium abgeleitete Fragen [83]

Zusätzlich analysierte ich Informationsmaterial von interkulturellen Trainingsinstituten (vgl. Exkurs im Anhang I zur Vorgehensweise), um emische Konzepte von seiten der interkulturellen Praxis aufzudecken. Ausgehend von den Ergebnissen der Inhaltsanalyse (vgl. Anhang II) wurden diese Themen in die Leitfäden aufgenommen:

- ***Zielgruppe von interkulturellen Trainings*** (vgl. 9)
- ***Angebot an interkulturellen Trainings*** (vgl. 15)
- ***Hintergrund des Instituts*** (vgl. I: 32-34, II: 36-38, III: 36-38)
- ***Trainingsinhalt*** (vgl. I: 15-21, 25, 27, II: 15, 29-35, III: 29-35)
- ***Trainingsart*** (vgl. 9-11, 12-14)
- ***Hintergrund des Trainers*** (vgl. 3-5)

Abb. 38: Aus der Inhaltsanalyse gewonnene Themen für die Interviews

8.1.1.2 Aufbau der Leitfäden

Für den ersteren, eher strukturierten Teil der Leitfäden formulierte ich eine Anzahl geschlossener Fragen. Dieser Teil ist geleitet durch „*an orientation to measurement*“ (Holstein / Gubrium 1995: 7), um gewisse

[83] Die römischen Ziffern benennen den Leitfaden und die arabischen die Fragen, in denen sich die Themen widerspiegeln. In Kapitel 8.2.2 werden die einzelnen Fragen genau erläutert. Die kompletten Leitfäden befinden sich im Anhang III.

externe Kategorien (wie z.B. Trainingsart, -techniken, -instrumente) füllen zu können. Außerdem trägt er dazu bei, unbewusstes (d.h. nicht aktives, sondern nur durch Rekognition abrufbares) Wissen des Interviewpartners aufzudecken (z.B. welche KEA bekannt sind).

Der größte Teil des Interviews ist jedoch geprägt durch einen relativ offenen Verlauf, *„more flexibly organized and aims to uncover subjective meanings"* (Holstein / Gubrium 1995: 7). Durch die Einbindung des Interviewpartners in den Prozess der Wissensgenerierung werden erst Kategorien erschlossen, aufgefüllt und vernetzt. Im Klartext heißt es, dass die Interviewpartner dazu angeregt werden, von sich aus zu erzählen und auf das einzugehen, was in ihren Augen innerhalb dieser Thematik wichtig ist.

Im Vorangegangenen schon erwähnt, aber noch nicht begründet wurde die Erstellung von drei Versionen des Leitfadens. Die ersten 15 Fragen (Block 1-3) sind gleich - in ihnen wird u.a. versucht herauszufinden, welche KEA verwendet werden. Wird klar, dass der Gesprächspartner in seinen Trainings keinerlei KEA benutzt, tritt Leitfaden I in Kraft. Wenn in den Trainings etische (bzw. emische) Ansätze zum Tragen kommen, wird mit Leitfaden II (bzw. III) das Interview fortgeführt.

Und nun zu den einzelnen Fragen und ihrem theoretischen Hintergrund:[84]

Block 1 'allgemeine Informationen zur Person und zum Institut' mit den Fragen 1-5 enthält einleitende Fragen zur Person des Gesprächspartners, seines Instituts und seiner Kollegen, um Hintergrund und Qualifikation der Trainer kennenzulernen (z.B. Berufsjahre, Ausbildung, Praxiserfahrung, Auslandskenntnisse).

Block 2 'Bedeutung von interkulturellen Trainings' soll auf das Gesprächsthema einstimmen, indem die allgemeinen Ziele (Frage 6; vgl. Kapitel *3.3 Ziele der interkulturellen Trainings*) und die aktuelle wirtschaftliche Lage von interkulturellen Trainings erfragt werden. Das Angebot und v.a. die Höhe der Nachfrage nach interkulturellen Trainings durch Unternehmen, Behörden und Privatpersonen lässt auf die

---

[84] Deren vollständige Formulierung ist in den Leitfäden im Anhang III zu finden.

Wichtigkeit in deren Augen schließen und ob sie die in Frage 6 ermittelten Ziele teilen (Fragen 7 und 8).

Block 3 'Genauere Angaben zu Art und Weise der Trainings' umfasst die bereits oben erwähnten geschlossenen Fragen und soll mir ermöglichen, das interkulturelle Training des Interviewpartners einordnen zu können. Frage 9 ermittelt die Zielgruppe, Frage 10 die Trainingsmethoden, Frage 11 die Techniken, Frage 12 die Instrumente, Frage 13 die Mitwirkung eines Cotrainers und Frage 14 die Dauer der Trainings (vgl. Kapitel *3.4 Inhalte, Methoden und Instrumente von interkulturellen Trainings*).

Frage 15 stellt die Einleitung in den offenen Gesprächsteil dar: Der Trainer wird gebeten, die Durchführung eines seiner Trainings vorzustellen. Wenn er KEA benutzt, sollte das an dieser Stelle deutlich werden. Dies determiniert, welcher der drei Leitfaden im folgenden benutzt wird.

Leitfaden 'Fragen an die Experten I':

Block 4 'Konkretisierende Fragen zum Ablauf des interkulturellen Trainings' fragt nach, wie die Zusammenhänge der verschiedenen Kulturvariablen (insbesondere Werte und Verhalten) gesehen werden (Fragen 16, 20, 21; vgl. Kapitel *2.2 Kulturebenen und 3.1 Verhalten*), ob eventuell einzelne Versatzstücke von KEA ins Training eingebaut sind (Fragen 17, 18, 22b und 23; vgl. Kapitel *4.3 Einbindung von KEA in interkulturelle Trainings* und *5.1 Etische KEA*) und ob eine eher etische oder emische Position vertreten wird (Fragen 19 und 24; vgl. Kapitel *2.3 Kontroverse Forschungsansätze und ihre Konsequenzen*). Falls sich bei den Antworten herausstellen sollte, dass KEA grundsätzlich bekannt sind, wird eine Liste mit Autoren von KEA vorgelegt, von denen der Trainer die ihm bekannten ankreuzen und beurteilen soll (vgl. Frage 22a; vgl. Kapitel *5.1 Etische KEA* und für einen Überblick *5.1.3 Systematisierung etischer KEA nach Triandis*).

Block 5 'Fragen zu Kulturspezifika / emischen Ansätzen' testet, ob emische Konzepte als hilfreich für ein interkulturelles Training angesehen und inwieweit sie vermittelt werden (Fragen 25 und 26). Dazu gehört auch, ob das interkulturelle Training eher holistisch oder eher aufgabenorientiert durchgeführt wird (Frage 27). Vgl. zu dieser Thematik Kapitel *5.2 Emische KEA* und *6.3 Vor- und Nachteile der emischen KEA*.

Block 6 'Kulturspezifische Organisationsstrukturen' widmet sich der Erkundung, ob im Training nicht nur Unterschiede in National-, sondern auch in Organisationskulturen besprochen werden (Fragen 28 und 29; vgl. Kapitel *2.4 Organisationen* und *5.1.4 Etische KEA auf Ebene der Organisationskultur*). Im positiven Fall wird eine Liste von Autoren etischer Organisations-KEA vorgelegt (Fragen 30 und 31; vgl. eben genanntes Kapitel 5.1.4).

Block 7 'Beitrag der Wissenschaft'. Hier wird in den Fragen 32-34 versucht herauszufinden, ob überhaupt das Bedürfnis nach KEA zur Anwendung in interkulturellen Trainings besteht, ob die Trainer sich nicht andersartige Erkenntnisse von der Wissenschaft wünschen, oder ob gar kein Bezug zur Wissenschaft gesehen wird (vgl. Kapitel *4.2 Notwendigkeit von KEA*).

Leitfaden 'Fragen an die Experten II':

Block 4 'Explizite Fragen zu KEA' spricht direkt die Verwendung von KEA in interkulturellen Trainings an (Fragen 16, 17 und 20; vgl. Kapitel *4.3 Einbindung von KEA in interkulturelle Trainings*). Es wird dabei auch auf Organisationskulturen und ihre Verbindung zur Landeskultur eingegangen (Fragen 18 und 19; vgl. Kapitel *2.4.3 Verbindung von Landes- und Organisationskultur*). Es wird nach der Bekanntheit von KEA gefragt und um deren Beurteilung gebeten (Frage 20; vgl. Kapitel *5.1 Etische KEA*).

Block 5 'Vor- und Nachteile von KEA' geht noch stärker auf das Urteil des Gesprächspartners über etische KEA im speziellen (Fragen 21, 23 und 25) und allgemeinen (Frage 22) ein, v.a. hinsichtlich ihrer Anwendbarkeit in der Praxis (Frage 23 und 24). Es wird eine intensive Diskussion über die Problematik 'KEA' angestrebt (vgl. Kapitel *4.2 Notwendigkeit von KEA, 4.3 Einbindung von KEA in interkulturelle Trainings*, *5.1 Etische KEA*, *6.1 Allgemeine Probleme* und *6.2 Vor- und Nachteile der etischen KEA*).

Block 6 'Emische Ansätze' entspricht Block 5 im Leitfaden I plus eine Erweiterung in Form einer abzufragenden Liste mit emischen KEA (Frage 27; vgl. Kapitel *5.2 Emische KEA*), soweit emische Ansätze überhaupt beim Gesprächspartner bekannt sind. Wenn sie nicht bekannt sind, werden sie kurz vorgestellt und um ein Urteil gebeten (Frage 28; vgl. Kapitel *6.3 Vor- und Nachteile der emischen KEA*).

Block 7 'Integration der KEA in Trainings' ist eine Fortsetzung von Block 5 und geht auf die Operationalisierung von KEA ein, d.h. mit Hilfe welcher Methoden sie umgesetzt werden (Fragen 31 und 32; vgl. Kapitel *3.4 Inhalte, Methoden und Instrumente von interkulturellen Trainings* und *4.3 Einbindung von KEA in interkulturelle Trainings*). Interessant ist hierbei die Relevanz von KEA für die Vermittlung der kulturellen Variablen 'Werte' und 'Verhalten' (Fragen 34 und 35). Es erscheint mir auch wichtig zu erfahren, wie die Trainingsteilnehmer die KEA beurteilen (Frage 33; vgl. Kapitel *6. Theoretische Würdigung der KEA)*.

Block 8 'Beitrag der Wissenschaft': siehe Block 7 des ersten Leitfadens.

Leitfaden 'Fragen an die Experten III': Dieser Leitfaden wurde in keinem der Interviews benutzt, deshalb soll auf dessen Darstellung verzichtet werden, zumal er analog zu Leitfaden II aufgebaut ist (statt der etischen behandelt er emische KEA).

8.1.2 Auswahl der Experten

Für die Auswahl von interkulturellen Trainern als Experten zur Anwendung, Beurteilung und gegebenenfalls Entwicklung[85] von KEA in interkulturellen Trainings spricht, dass

- sie didaktisch geschult sind, d.h. Kenntnisse darüber verfügen, wie man erfolgreich[86] Wissen vermittelt,

[85] Trompenaars' (1993) als auch Wendy Halls Ansatz (1995) entstammen z.B. der Trainings- und Beratungspraxis.

- auf Grund ihrer Ausbildung und ihrer Tätigkeit, zumeist auch theoretisches Wissen (u.a. über KEA) besitzen,
- die Bedürfnisse und Wünsche ihrer Kunden kennen.

Als eine andere Expertengruppe hätten evtl. die Teilnehmer der Trainings herangezogen werden können, schließlich sind sie diejenigen, denen KEA zur Erlangung von interkultureller Kompetenz verhelfen sollen. Doch es ist anzunehmen, dass sie zu geringe Einsicht in die Didaktik haben, um zu erkennen, welche Teile des Trainings effektiv sind.

Die Auswahl der Interviewpartner geschah im Sinne Mruck / Meys: *„Besonderes Augenmerk gilt innerhalb der qualitativen Forschung der Frage nach der Bildung der Stichprobe, da angesichts der aufwendigen Forschungsarbeiten eine repräsentative Stichprobenwahl weder angezielt noch sinnvoll ist"* (2000: 198). Nachdem diese Untersuchung das Aufdecken verschiedenster Meinungen anstrebte, wählte ich die anzuschreibenden Trainer nach ihrer etischen / emischen Position aus, so dass Anwender von etischen KEA, von emischen KEA und solche, die jegliche KEA ablehnen, vertreten waren.

Einen Interviewpartner, der mir auf Grund seiner Verbindung von langjähriger wissenschaftlicher und praktischer Erfahrung als besonders kompetent erschien, band ich in einen Pretest ein, der über den weiteren Verlauf der Interview entscheiden sollte. Nachdem dieser Pretest keine Probleme aufwarf, wurde das Interviewkonzept beibehalten. Es erklärten sich neben dem eben genannten Herren, der im folgenden Ziegler genannt werden soll, vier weitere interkulturelle Trainer zu einem Interview bereit:

- Astrid Podsiadlowski, Dozentin für interkulturelle Kommunikation und Organisationspsychologie an der Universität München, die freiberuflich interkulturelle Trainings und andere Schulungen der Personalentwicklung durchführt,
- Monika Mey, selbständige Trainerin, die neben interkulturellen Trainings mehrere mit China verbundene Dienstleistungen anbietet, wie z.B. Sprachkurse, Übersetzungen, etc.,

---

[86] Einige der interkulturellen Institute führen selbst Evaluationen durch, um die Wirksamkeit ihrer Trainings zu überprüfen.

- Alois Moosmüller, Professor am Institut für Völkerkunde und Afrikanistik der Universität München, der freiberuflich und im Rahmen der Kontaktstelle für Technologietransfer der Universität München interkulturelle Trainings abhält und
- Anette Hammerschmidt, die bei Siemens die Abteilung 'Interkulturelle Qualifizierung' leitet.

Es sollte auch noch eine Trainerin interviewt werden, deren Institut als einziges in Deutschland einen emischen KEA einsetzt, sie sagte aber leider kurzfristig ab. Zusätzlich verschickte ich zwei Fragebögen (zu deren Erstellung siehe Kapitel 8.2.3) an größere Trainingsinstitute, die ich aus ökonomischen und zeitlichen Gründen nicht persönlich für ein Interview besuchen konnte. Darunter fiel das mit Geert Hofstedes Forschungsinstitut 'Institute for Research on Intercultural Cooperation' assoziierte 'Institute for Training in Intercultural Management', von dem sich mir Gigi de Groct von der niederländischen Niederlassung zur Verfügung stellte. Bernhard Reisch vom Institut für Interkulturelles Management bearbeitete den zweiten Fragebogen.

8.1.3 Abwandlung zu einem Fragebogen

Nachdem die Leitfäden schon sehr detailliert formuliert waren, konnten sie im Einzelfall auch als Fragebogen verwendet werden. Nachdem ich damit soviel Information wie möglich erhalten wollte, füllte ich die Fragebögen anhand von veröffentlichtem Material der zwei Institute (Internetseiten und Aufsätze) soweit wie möglich selbst aus. Den angeschriebenen Instituten verblieben nur mehr einzelne offene Stellen und die Korrektur. Für beide Institute wurde der Leitfaden 'Fragen an die Experten II' verwendet, da sie explizit etische KEA benutzen. Der Fragebogen, der dem Institute for Training in Intercultural Management zugeschickt wurde, musste vorher ins Englisch übersetzt werden. Dies stellte keine große Schwierigkeit dar, da erstens die Begrifflichkeiten im Bereich der interkulturellen Kommunikation häufig englischsprachigen Ursprungs sind, und zweitens keine komplizierten kulturgebundenen Sachverhalte in den Fragen enthalten sind. Selbstverständlich war ich mir bewusst, dass der Fragebogen durch meine, die deutsche Kultur geprägt ist, was jedoch in diesem Falle zu keinen gravierenden Schwierigkeiten führte. Das heißt, die funktionelle Äquivalenz von den Leitfäden und dem deutschen und englischen Fragebogen ist gewährleistet.

8.2 Verlauf der Interviews

Von den Interviews fanden vier in den Räumen der Interviewpartner (Büro oder Wohnung), eines in einem Lokal statt. Es wurden alle bis auf das letztere aufgezeichnet. Die Gespräche dauerten ca. eine bis eineinhalb Stunden.

Zur Einleitung stellte ich mein Thema vor und erläuterte, was ich unter 'Kulturerfassungsansatz' verstehe. Ich ging auch auf darauf ein, dass ich gerne ein offenes Gespräch führen würde, und forderte die Interviewpartner auf, über die Fragen hinauszugehen und ihre eigenen Konzepte vorzustellen. Dadurch und die Bereitschaft, selbst jede Gegenfrage zu beantworten und eine Ausgabe meiner Arbeit nach Fertigstellung zur Verfügung zu stellen, wollte ich deutlich machen, dass es mir um *„mutuality of disclosure"* (Holstein / Gubrium 1995: 13) ging und nicht um 'Ausfragen' (womöglich noch für die Konkurrenz). Die Partner ließen sich gerne auf diesen Vorschlag ein, so dass der Leitfaden in den Hintergrund trat und die relevanten Themen von selbst zur Sprache gebracht wurden. Ich erfuhr sehr viel über die Ansichten der Trainer und erhielt eine Vielzahl relevanter Information, nach der ich aus Unkenntnis selbst nicht gefragt hätte. Als Leitfaden kam in vier Fällen Leitfaden II zum Tragen, einmal wurde Leitfaden I benutzt.

8.3 Datenanalyse und -interpretation

Die aufgezeichneten Interviews wurden noch am gleichen Tag transkribiert. Bei dem Interview, das nicht aufgezeichnet werden konnte, führte ich Protokoll. Die Daten in Schriftform ergaben pro Interview 17-25 Seiten. Hinzu kamen die zwei ausgefüllten Fragebögen. Dieses Material wurde entsprechend einer qualitativen Inhaltsanalyse nach Mayring 1993, 1994 und Flick 1995 ausgewertet. Als eine Analyseeinheit wurden dabei sämtliche Aussagen, die sich auf denselben Inhalt bezogen, definiert. Die Einheiten des jeweiligen Interviews wurden einer oder mehreren Fragen des Leitfadens II zugeordnet (da Leitfaden III nicht benutzt wurde und Leitfaden I sich während des Gesprächs stark in Richtung Leitfaden II entwickelt hatte). Einige der Aussagen der Interviewpartner gingen über die Fragen hinaus und bezogen sich auf neue Themen. Aus ihnen wurden neue Kategorien gebildet, wie z.B. ‘Kulturkonzept des Trainers’, ‘Angebote des Instituts’, ‘Ansichten über KEA allgemein’, etc.

Im nächsten Schritt wurden die jeweiligen Aussagen durch Generalisierung und Streichung von Irrelevantem zusammengefasst. Dieses gesamte Material wurde nach verschiedenen Inhaltsbereichen geordnet und noch einmal durch Streichung und Generalisierung im Umfang reduziert. Es entstanden sieben Themenblöcke, von denen die meisten den ursprünglichen Blöcken aus den Leitfäden entsprechen, jedoch inhaltlich modifiziert worden sind, da einige der ursprünglichen Fragen nicht gestellt worden und neue Konzepte durch freie Äußerungen der Gesprächspartner hinzugekommen sind. Block fünf und sieben verschmolzen zu einem inhaltlichem Abschnitt.

Durch die Formulierung der Daten in Textform entstand das unten aufgeführte Kapitel *8.5.1 Ergebnisse der Interviews*. Anschließend wurden damit die Hypothesen überprüft und die Explorationsfragen beantwortet (siehe Kapitel 8.5.2).

8.4 Würdigung der Methodik

Wie allen qualitativ durchgeführten Studien könnte man auch dieser aus quantitativer Sicht mangelnde Repräsentativität und Objektivität vorwerfen, doch erstere war nicht angestrebt und zweitere gilt sehr wohl für die speziellen Bedingungen, unter denen die Interviews entstanden sind, denn es gibt für Interviews keine neutrale und objektive Vergleichssituation (Holstein / Gubrium 1995).

Die Stichprobenauswahl erfolgte nicht zufällig und fiel relativ klein aus. Dies ist vertretbar unter dem Gesichtspunkt, dass diese Untersuchung lediglich ein Herantasten an die Thematik 'KEA in der Praxis' und ein Aufdecken der verschiedenen Positionen zum Ziel hatte. In diesem Rahmen kann nicht festgestellt werden, wie oft ein KEA in der Praxis verwendet wird und welches Gewicht er im Vergleich zu den anderen dort einnimmt; das wäre evtl. in einer Anschlussstudie mit Hilfe eher quantitativ ausgerichteter Methoden möglich. Ein tatsächlicher Nachteil der kleinen Stichprobe äußert sich darin, dass nicht alle Positionen abgedeckt werden konnten: So fehlt ein Vertreter der emischen Auffassung und Vertreter von KEA, die in der Praxis erarbeitet wurden. Ursprünglich sollten nur deutsche Trainer in die Stichprobe einbezogen werden, um eine bessere Vergleichbarkeit zwischen den Untersuchungsobjekten herzustellen. Doch die Niederlassung von 'Institute for Training in Intercultural Management' in Kassel verwies mich an die Zentrale in Den Haag. Ausgehend davon, dass das deutsche und das niederländische Institut denselben Grundsätzen, Inhalten und Methoden folgen, stellt der Einbezug der niederländischen Niederlassung anstatt der deutschen keinen Verstoß gegen die Gleichheit der Untersuchungsobjekte dar.

Die eben genannten Schwächen wurden durch ein Vielfaches an Stärken aufgewogen: In einem teilstrukturiertem Interview fließen Information viel reichhaltiger als beispielsweise bei einer schriftlichen Befragung. Es konnten an Ort und Stelle Unklarheiten geklärt werden. Ein Nachfragen war oft hilfreich, um Zusammenhänge deutlicher zu hören. Der größte Pluspunkt und der eigentliche Grund für die Entscheidung für diese Form des Interviews lag darin, dass das nur durch Leitfäden gesteuerte Gespräch es erlaubte, Konzepte der Trainer zu erfahren, die durch ein vollständig strukturiertes Interview oder einen Fragebogen nicht hätten erfasst werden können.

Die Datenanalyse und -interpretation wurden gemäß Anleitungen aus der Literatur durchgeführt, ohne dass es zu nennenswerten Abweichungen oder Problemen kam.

8.5 Ergebnisse und Diskussion

8.5.1 Ergebnisse der Interviews

Block 1 'allgemeine Informationen zur Person und zum Institut'

Die befragten Trainer und ihre Kollegen hatten alle ein Studium absolviert, wobei sie meist mehrere der folgenden Disziplinen belegt hatten: Ethnologie, Didaktik, Pädagogik, Psychologie, Soziologie, Kommunikationswissenschaften, Sinologie, Philosophie, Kulturwirtschaft, Sprachwissenschaft, selten Betriebswirtschaft. Es ergab sich, dass vier der sieben Befragten nach dem Studium eine akademische berufliche Laufbahn einschlugen und drei dieser vier sich nach wie vor damit ihr Brot verdienen und nebenbei interkulturelle Trainings anbieten.

Eine spezielle Trainerausbildung war von den meisten nicht absolviert worden. Eine Qualifizierung ergab sich bei fast allen durch 'learning by doing'. Drei weisen Praxiserfahrung außerhalb von interkulturellen Trainings auf. Längere Auslandsaufenthalte sind von sechs Befragten bekannt. Die dort gemachte Erfahrung wird meist zur Spezialisierung der Trainings auf die jeweilige Region / auf das jeweilige Land (in diesem Fall China, Japan, USA und Südamerika) genutzt. Die Trainingserfahrung im interkulturellen Bereich variiert von zwei bis 17 Jahren.

Block 2 'Bedeutung von interkulturellen Trainings'

Folgende Ziele erscheinen besonders wichtig für interkulturelle Trainings: Sensibilisierung für kulturelle Unterschiede, Verständnis für fremdes Verhalten, Lockerheit in ungewohnten Umgebungen und Situationen und vor allem Handlungsfähigkeit in fremdkulturellen und multikulturellen Settings. Durch dies soll eine Steigerung der Effizienz in der interkulturellen Zusammenarbeit bewirkt werden.

Die fortschreitende Globalisierung bewirkt eine (wenn auch zögerlich) steigende Akzeptanz der interkulturellen Problematik unter Managern und Personalleitern und damit eine erhöhte Nachfrage nach interkulturellen Trainings. Es entstehen ständig neue Bereiche, in denen interkulturelle Kompetenz nötig ist, wie z.B. für Mitglieder multinationaler Arbeitsgruppen und Belegschaften, Mitarbeiter von auslandsorientierten Abteilungen (Vertrieb, Fusionen, Akquisitionen) oder kurzfristigen internationalen Projekten. Dabei wird weniger eine kulturallgemeine als eine praxisnahe und aufgabenbezogene Qualifizierung nachgefragt.

Durch Nachfrageerhöhung und Angebotsdiversifizierung wächst der Markt der interkulturellen Trainings, auch wenn die Inanspruchnahme von interkulturellen Trainings von den Unternehmen oft als zu zeitaufwendig und teuer im Vergleich zum daraus resultierenden Nutzen empfunden wird.

Block 3 'Genauere Angaben zu Art und Weise der Trainings'

Sechs der Trainer haben sich auf die Qualifizierung von Unternehmensmitarbeitern und deren Angehörigen spezialisiert. Der siebte widmet sich hauptsächlich der Ausbildung von Studenten. Zwei der sieben schulen zudem Trainer. Nur einer kümmert sich auch um die Belange privater Interessenten.

Fast alle interkulturelle Trainings dauern zwei bis drei Tage, zuweilen auch weniger. Ein Trainer führt ein viereinhalbtägiges Seminar durch.

Sechs Trainer bieten kulturspezifisches, d.h. auf ein Land oder eine Region ausgerichtetes Training an, wovon die Hälfte dieser sechs eine kulturallgemeine Einführung zur Einstimmung auf die Thematik und zur Kultursensibilisierung geben. Das Training des siebten ist ausschließlich kulturallgemein gehalten.

Alle Interviewpartner betonen die Wichtigkeit der Integration von kognitiven, affektiven und verhaltensorientierten Teilen. Dabei dient der kognitive Teil meist nur der Einführung, Vorstellung von Modellen und Zusammenfassung und fällt relativ gering aus. Das stärkste Gewicht wird auf das Verhalten gelegt, wobei dabei zwei Tendenzen erkennbar sind: Auf der einen Seite wird versucht, durch Rollenspiele u.ä. darauf aufmerksam zu machen, wie Verhalten durch Kultur geprägt wird (wobei auch der Affekt tangiert wird). Auf der anderen Seite soll Raum geboten werden, das in einer anderen Kultur angemessene Verhalten einzuüben. Dies erklärt, warum sämtliche Trainings experentiell abgehalten werden; vier enthalten zusätzlich didaktische Bestandteile.

Eine äußerst beliebte Technik ist der Kulturassimilator in der einen oder anderen Form: Entweder werden eigene Erfahrungen der Teilnehmer dargestellt (meist um eine gewisse Kultursensibilisierung zu erreichen), oder es werden professionell erarbeitete (d.h. von den Trainern erstellte oder im Handel erworbene) 'critical incidents' präsentiert, oder es werden ausführliche, kontext- und kulturbezogene Fallstudien dargelegt und besprochen. Der Ansatz der Kontrastkultur wird von einem Trainer ausschließlich und in seiner Originalform benutzt. Bei den anderen taucht der Kulturkontrast eher implizit auf, wenn die Fremdkultur mit der eigenen verglichen wird. Eine weitere Technik wurde mir folgendermaßen erklärt: Unter Zeitdruck müssen Aufgabenstellungen (z.B. eine Verhandlungsführung) bearbeitet werden, die eine bestimmte Situation vorschreiben und an gewohnte Geschäftsgepflogenheiten angelehnt sind, aber in einem anderen Kontext spielen, um so dem Trainingsteilnehmer Freiheit zum Ausprobieren zu geben. Die Videoaufnahme davon wird gemeinsam angesehen und analysiert.

Als Instrumente werden Rollenspiele, Fallbeispiele und Simulation am intensivsten genutzt, was in Verbindung mit der oben genannten Verhaltensorientierung zu sehen ist. Druckmaterialien werden verwendet, um Hintergrundinformationen weiterzugeben. Vorträge werden nur bei speziellen Themen gehalten (z.B. chinesisches Recht, wirtschaftliche Lage Südamerikas, etc.), zuweilen auch zur Vermittlung von Theorien und kulturellen Hintergründen. Auf Filme und Planspiele wird nur selten zurückgegriffen.

Die Anbieter kulturspezifischer Trainings setzen alle bis auf einen Cotrainer aus dem Zielland ein, meistens bei der Durchführung von Rollenspielen, bei denen das anderskulturelle Verhalten aufgezeigt oder einstudiert werden soll. Die kulturallgemeinen Teile werden von allen Trainern selbst durchgeführt.

Block 4 'Explizite Fragen zu KEA'

Ziegler wendet im Fünf-Kulturen-Spiel die 'cultural theory' von Thompson / Ellis / Wildavsky an: Den Teilnehmern wird eine Rolle vorgeschrieben (egalitär, hierarchisch, individualistisch, fatalistisch, eremitisch), zu denen Skripte zu verschiedenen Themen vorgelegt werden (Menschenbild, Zeitorientierung, Werte und Normen, etc.) und die sie verkörpern müssen. Auf diese Weise werden ihnen die eigenen kulturellen Skripte und deren Diskrepanzen zu denen anderer kultureller Gruppen deutlich. Dieser Effekt wird auch durch ein Verfremdungsspiel erreicht, dem Mars-Anthropologen-Spiel, in dem Marsmenschen auf die Erde kommen und das dortige Verhalten mit ihren Augen sehen, d.h. auf Grund ihrer eigenen kulturellen Skripte interpretieren.

Zur Erstellung einiger Impulsmaterialien zur Selbstanalyse und Reflexion zieht Ziegler Dimensionen, Rangordnungen und Kategorien von mehreren Autoren, v.a. die von Kluckhohn / Strodtbeck und bzgl. bestimmter Themen die Dimensionen von Hofstede heran.

Podsiadlowski nennt als zentrale Ansätze Hofstedes Wertedimensionen und Halls Zeit- und Raumverständnis, die sie auch explizit erläutert. Weiterhin werden bei der Herausarbeitung von kulturellen Unterschieden durch die Teilnehmer deren Ergebnisse durch die Dimensionen und Kategorien konkretisiert und erklärt. Diese stellen auf diese Weise einen nachgeschobenen Input, aber keinen allumfassenden Rahmen dar. Es fließen in Podsiadlowskis Training noch eine Vielzahl anderer Ansätze teilweise und indirekt ein, bzw. wurden als Hintergrundwissen bei der Konzeption der Trainings benutzt. Für Unternehmenskulturen zieht sie Heenan / Perlmutters Kategorien 'ethnozentrisch', 'polyzentrisch' und 'geozentrisch' heran (Heenan / Perlmutter 1979).

Mey benutzt Hofstedes Dimensionen als zentralen Orientierungsrahmen für das gesamte Training. In einem Vortrag werden Hofstedes Werte und Dimensionen präsentiert; nachfolgend werden die einzelnen Dimensionen in je einem 'critical incident' veranschaulicht und aufgearbeitet.

Auch de Grocts Training basiert auf Hofstedes Ansatz, doch fehlen Angaben dazu, wie er operationalisiert wird. Den fünf Dimensionen zur Beschreibung der Werte werden sechs 'mental images' als Kategorien zur Beschreibung von Gesellschaften hinzugefügt, in denen die vier ursprünglichen Dimensionen (also nicht 'konfuzianischer Arbeitsdynamismus) kombiniert werden:

MENTAL IMAGES	*Macht-distanz*	*Individu-alismus*	*Masku-linität*	*Unsicher-heitsver-meidung*	*Beispiele*
contest model	niedrig	hoch	hoch	niedrig	USA, GB
network model	niedrig	hoch	niedrig	-	Skandinavien
family	hoch	niedrig	-	-	China, Indien
pyramid	hoch	niedrig	-	hoch	Lateinamerika, Russland
orbital organization	hoch	hoch	-	hoch	Spanien, Belgien
well-oiled machine	niedrig	-	-	hoch	Deutschland, Ungarn

Abb. 39: 'Mental Images' (nach de Groct)

Hofstedes Organisationskulturdimensionen wurden leicht modifiziert und zu folgenden erweitert:

- means-oriented versus goal-oriented
- internally driven versus externally driven
- easy-going versus strict work discipline
- local versus cosmopolitan
- open versus closed
- employee-oriented versus work-oriented
- acceptance leadership style versus rejection leadership style.

Es können daraus 31 Unterdimensionen gebildet werden, die Themen wie 'uniformity versus diversity', 'the way decisions are made', 'the requirements for a learning organization', etc. behandeln. Mit dem daraus entwickelten 'multi focus model' können Organisationskulturen erfasst und Ist- und Soll-Profile erstellt werden. Diese Methode wird jedoch nicht in die eigentlichen interkulturellen Trainings integriert, sondern dient eher der Beratung von Organisationen.

Moosmüller sieht Hofstede als einen Ideengeber, weniger als einen Erklärer. So koppelt er bei der Besprechung von Fallgeschichten bestimmte Aspekte an die vier ursprünglichen Wertedimensionen und ihre Ausprägungen, ohne jedoch auf die Indices einzugehen. So werden gewisse Dinge deutlicher gemacht oder auf eine andere Weise noch einmal thematisiert: *„Es ist einfach nur eine Merkhilfe"*. Indirekt gehen eine Vielzahl anderer KEA in das Training ein, werden jedoch oft nur in Teilen verwendet und nicht explizit genannt.

Hammerschmidt lehnt jegliche KEA ab. Ihre Begründung wird im späteren widergegeben (siehe v.a. die Punkte 'Dichotomisierung', 'Werteorientierung' und 'Totale Anpassung').

Reisch baut sein Training mit der Methodik der Kontrastkultur auf und bezieht sich bedingt auf Thomas' Kulturstandards und Hofstedes Wertedimensionen. Letztere *„werden in der Regel aus der Situation erarbeitet"* und dienen am Ende des Trainings, wenn die bisherigen Arbeitsergebnisse zusammenfassend analysiert werden, zur Mustererkennung von kulturellem Verhalten.

Organisationskulturen werden bei sechs interkulturellen Trainings angesprochen, doch ohne konkreten Erfassungshintergrund (bis auf den von Podsiadlowski erwähnten Ansatz von Heenan / Perlmutter und den oben bei de Groct erläuterten, abgewandelten Ansatz von Hofstede). Die spezifische Unternehmenskultur wird bei drei Interviewpartnern in firmeninternen Trainings thematisiert.

Zu den Zusammenhängen zwischen Landes- und Organisationskulturen werden verschiedene Aspekte geäußert: Einmal ist die Organisation ein Teil des Kontexts von interkulturellem Handeln, den man mitberücksichtigen muss. Dann ist sie als Gegenpol zur Landeskultur zu sehen, mit der sie in einer wechselseitigen Beziehung steht. Und schließlich kann sie auch eine Subkultur der Landeskultur darstellen. Einige der Trainer weisen gar keine Zusammenhänge auf.

Da allen Trainern die Existenz von KEA bekannt war, wurde ihnen die Liste mit den verschiedenen Ansätzen vorgelegt.[87] Im folgenden werde ich die unter ihnen Bekannten nennen und vortragen, inwieweit sie interkulturellen Trainings dienen:[88]

Allport / Vernon / Lindzey werden von zwei Trainern angegeben, jedoch als nicht relevant für interkulturelle Trainings. ***Parsons / Shils*** kennen alle bis auf einen, und einige ihrer Dimensionen (speziell Individualismus - Kollektivismus) werden in Kombination mit anderen Autoren in die Trainings aufgenommen. ***Morris*** ist zweien vertraut, wird aber nur bei einem als Hintergrundwissen herangezogen. ***Benedicts*** Scham - Schuldkulturen kennen drei, wobei jedoch nur einer ihre Relevanz für Trainings anerkennt: *„Scham und Schuld ist immer eine schöne Sache, wenn es um Japan geht“* (Moosmüller). Hammerschmidt ist der Meinung, dass *„Scham innerpsychisch auf einer anderen Ebene liegt als Schuld. Und jeder Mensch beides hat.“* Somit zweifelt sie die theoretische Grundlage an, zudem hält sie sie für veraltet und ungeeignet, ein Training damit zu gestalten. ***Hall*** ist allen Interviewpartnern ein Begriff, und auf ihn wird auch von den meisten - soweit sie KEA verwenden - direkt (einmal) oder indirekt zurückgegriffen. Sein Raum- und Zeitverständnis wird als nach wie vor wichtig angesehen; seine anderen Ansätze hingegen erwähnt keiner. ***Kluckhohn/ Strodtbeck*** liefern einen der bekanntesten Ansätze, der bei drei Trainern eine Rolle spielt, wenn auch bei zweien nur indirekt. Ihre Basisannahmen erscheinen als grundlegend. ***Haire / Ghiselli / Porters*** Managementuntersuchung wird von zwei in die Trainings eingearbeitet, ein weiterer kennt sie. ***Motivation*** wird von vieren als ein Thema gese-

[87] Worauf de Groct äußerte: *„Actually, most of these are familiar to us, but we only use Hofstede.“* Sie wird deshalb in der folgenden Auswertung nicht einbezogen - die Stichprobe verringert sich auf sechs.

[88] Soweit die Autoren und ihre Ansätze schon in vorhergegangenen Kapiteln erläutert worden sind, wird auf die Quellenangabe verzichtet.

hen, wobei als Hintergrund McClelland (1961) gilt. ***Rokeach*** wird nur von einem Interviewpartner als im interkulturellen Kontext bekannt eingestuft. ***Triandis*** wird von fast allen als generell wichtig angesehen. ***Lomax / Berkovitz*** (1972) und ***Murdock / Provost*** (1973) wurden von mir mit dem Stichwort der kulturellen Komplexität in die Liste aufgenommen, wobei 'kulturelle Komplexität' mehr als der Hälfte meiner Gesprächspartner ein Begriff ist, die Autoren jedoch nicht. ***Inkeles / Smith*** (1974) werden in Zusammenhang mit dem Erfassungskriterium 'Modernität' von drei Trainern angekreuzt, jeweils ohne Kommentar. ***Osgood / May / Miron*** werden von vieren als bekannt bezeichnet, jedoch für einen eher in anderen Kontexten. ***Witkin / Berry*** stoßen bei dreien auf Rekognition. ***Mead*** kennen drei der Gesprächspartner, wobei einer überhaupt keinen Zusammenhang zu interkulturellen Trainings sieht, ein anderer jedoch auf ihr Konzept sogar bei der Erstellung von Trainingsbestandteilen zurückgreift. ***Inglehart*** (1977) wird nur einmal als relevant gekennzeichnet, aber eher die Thematik des Kulturwandels generell betreffend als die dahinterstehenden Theorien. ***Hofstede*** kennt jeder und wird von allen, die KEA benutzen, in mehr oder weniger starkem Maße eingebaut. Die Dimensionen werden von allen zumindest als eine Einordnungshilfe gesehen, wobei von einigen Trainern jedoch die empirische Messung und die mathematische Umsetzung der Dimensionenausprägungen in Indizes kritisiert bis rundweg abgelehnt wird. Für den Aufbau von zwei der interkulturellen Trainings stellt Hofstedes Dimensionen die einzige und hundertprozentige Grundlage dar. ***Glenn*** ist zwei Trainern im interkulturellen Kontext vertraut, und sein Erfassungskriterium 'Universalismus - Partikularismus' wird von einem mit ähnlichen Konzepten anderer Autoren zusammengefasst. ***Laurents*** Studie wird von einem Interviewpartner in seinem Training beim Thema 'Einfluss von Landeskultur auf Organisationskultur' vorgestellt; von einem anderen wird sie als bekannt bezeichnet. ***Schwartz*** wird von einem Trainer als *der* Autor genannt, auf den Werte zurückgehen, doch es kennt ihn lediglich nur ein weiterer Trainer. ***Thomas'*** Kulturstandards sind Vielen ein Begriff, jedoch gehen die Meinungen über sie auseinander: Von einem Gesprächspartner werden sie als Hintergrundkonzept verwendet, von einem anderen als Arbeitsgrundlage für spezielle Länder benutzt und von noch einem anderen als Nationalstereotype abgetan. Die Begründung des Letzten lautet, dass die von Thomas ermittelten Eigenschaften eines Volkes nicht empirisch nachgewiesen werden könnten, da sie lediglich die Stereotype der Experten sind, die als Grundlage der Ermittlung dienten. Zudem sind die Kulturstandards keine Kollektiveigenschaften, sondern nur Beziehungsaussagen des Experten über den ihm bekannten Angehörigen des anderen Volkes. ***Trompenaars*** stellt ebenfalls eine bekannte Persönlichkeit dar, dessen Konzepte von den meisten Trainern in irgendeiner Form aufgegriffen und als nützliche Zusammenfassung bereits vorhandener Kenntnisse angesehen werden. Es wird jedoch auch die Kritik vorgetragen, dass Trompenaars' veranschaulichende Dilemmata zu realitätsfern und zugespitzt sind und zwar für *„einen wunderschönen Knaller im Seminar"* sorgen, aber nicht dazu beitragen, dass *„die Leute wirklich etwas von der Kultur lernen"* (Hammerschmidt). Unter 'Sonstige' werden einmal ***Thompson / Ellis / Wildavsky***, ein anderes Mal ***Earley / Erez*** (1997) genannt. ***Banfield, Foster*** und ***Fiske*** werden nicht ein einziges Mal als in interkulturellen Kontexten bekannt eingestuft.

Die Liste mit den Organisationskulturansätzen wurde nur zwei Trainern vorgelegt; einer von ihnen erkennt ***Hofstede*** und ***Trompenaars***, der andere alle Ansätze bis auf ***Rühlis***.

Block 5 'Vor- und Nachteile von KEA' und **Block 7 'Integration der KEA in Trainings'**

Einige der Ansätze werden im Training zwar explizit genannt, jedoch sind die Trainingsteilnehmer weniger an der damit verbundenen Theorie interessiert. In ihren Augen ist eine praxisnahe Vermittlung wichtiger als eine wissenschaftliche Fundierung. Keiner der Trainer gibt an, dass seine Teilnehmer Kritik an den Modellen äußern würden. Kritik von seiten der Trainer an den etischen KEA allgemein bekam ich allerdings vielfach zu hören:

Dichotomisierung: Dimensionen aufzustellen mit zwei Polen, auf denen jeweils eine Eigenschaft abgezeichnet ist, ist realitätsfern, denn die Umwelt ist nicht dichotomisch. Jeder Mensch hat beide Pole in sich vereint, wie z.B. das Für-sich-sein (Individualismus) und das ‘In-einer-Gruppe-sein’ (Kollektivismus). Indem man Nationalkulturen auf einer Skala zwischen den Extrempolen aufreiht, kann man die kulturellen Unterschiede nicht erklären; man muss in die dritte Dimension gehen und erfassen, wie die Konzepte unterschiedlich verstanden und gelebt werden.

Werteorientierung: a) Werte kann man nicht von der übrigen Kultur herausfiltern und isolieren, da sie dann statisch wirken. Sie sind in die Dynamik der Kultur eingebettet. b) *„Werte funktionieren wie Weichen“* (Hammerschmidt): In gewissen Situationen herrscht die Tendenz, sich auf eine bestimmte Weise zu verhalten, ohne dass dies erklärbar oder bewusst wäre. c) Bei der Erfassung der Werte ist zu beachten, dass man im Normalfall die angestrebten und nicht die gelebten Werte erhält. Und diese idealen Werte können noch viel weniger als die realen Werte tatsächliches Verhalten erklären.

Beziehungsaussagen: Viele der durch die KEA ermittelten kulturellen Unterschiede sind keine empirisch bestätigten Eigenschaften, sondern Beziehungsaussagen eines Vertreters einer Kultur bzgl. einer anderen Kultur. So ist die Kultur der Deutschen in den Augen der Franzosen eine ganz andere als in den Augen der Polen.

Empirische Ermittlung: a) Die tatsächliche statistische Häufung von Eigenschaften innerhalb einer Gruppe ist äußerst schwierig zu ermitteln, denn selten kann man genau die Grenzen dieser Gruppe zur nächsten festlegen. Wenn z.B. das Territorium einer Gruppe als Abgrenzung gilt (z.B. die BRD für die Deutschen), sind viele Ausländer in der Stichprobe enthalten. Wenn hingegen alle Personen mit deutscher Staatsangehörigkeit weltweit untersucht werden, sind auch Auswanderer und deren Nachkommen eingeschlossen. b) Auf Grund der hohen Varianzen innerhalb einer Gruppe scheint es nicht sinnvoll, allgemeine Aussagen über deren kulturellen Variablen zu machen, um Fremdkulturellen angemessenes Verhalten zu lehren.

Schubladendenken: Auf Grund zu allgemeiner Aussagen und insbesondere auf Grund von sogenannten ‘Do’s and Dont’s’ (kurzen Handlungsempfehlungen, die sich meist auf Etikette und Höflichkeitsregeln beziehen) kann es leicht zu Schubladendenken und Stereotypenbildung / bzw. -verstärkung bei den Trainingsteilnehmern kommen. Erst weitere Information über Hintergründe, der Hinweis auf die Notwendigkeit von Verallgemeinerungen und die Vermittlung, wie auch die andere Person und nicht nur die andere Kultur zu beachten ist, führen zu wahrem Verständnis von Kultur. In diesem Falle dienen Dimensionen, Rangordnungen und Kategorien der verständlicheren Vermittlung.

Totale Anpassung: Durch Aufzeigen des in einer anderen Kultur üblichen Verhaltens erwächst bei den Trainingsteilnehmern die Idee, dass sie dieses hundertprozentig übernehmen müssen. Ziel ist jedoch nicht Assimilation und Aufgabe der eigenen Identität, sondern Verständnis des anderen und ein angemessener Kompromiss zwischen eigenem und fremden Verhalten, denn: *„Von Ausländern wird selten Inländerverhalten erwartet"* (Reisch).

Modellübernahme: Es gibt keine theoretischen Modelle, die genau auf interkulturelle Trainings anwendbar sind, denn *„Anwendbarkeit ist gar nicht ihr Anspruch"* (Moosmüller). Modelle müssen immer auf die Bedürfnisse abgewandelt und gegebenenfalls mit anderen Modellen kombiniert werden. Dabei ist auf die Dynamik der Kulturen zu achten. Außerdem muss der Kontext einbezogen und auf Praxisnähe geachtet werden, damit der Trainingsteilnehmer etwas lernt, das er im Ausland oder im Umgang mit ausländischen Mitbürgern tatsächlich gebrauchen kann. Aus diesem Grund werden von vielen meiner Interviewpartner rein kulturallgemeine Sensibilisierungstrainings abgelehnt.

Bezugnehmend auf die Zusammenhänge der kulturellen Variablen und ihrer Vermittlung erklären mir meine Interviewpartner, dass sie v.a. Werte und Verhalten als zentral erachten. Sie sehen aber Schwierigkeiten darin, wie man diese beiden in Beziehung setzen kann, da sich der Wertehintergrund nicht direkt in Verhaltensweisen widerspiegelt (wie schon oben erwähnt). Den Trainingsteilnehmern muss auf jeden Fall beigebracht werden, dass sich im Verhalten neben dem kulturellen Hintergrund auch situative Einflüsse und persönliche Eigenschaften der Aktoren niederschlagen. Sämtliche Trainer betonen die Wichtigkeit, dass die Teilnehmer lernen, auf Grund der Kenntnisse der fremdkulturellen Werte selbst angemessenes Verhalten zu erschließen. Im Training wird ihnen hierfür das notwendige Gerüst gelehrt, mit dem sie im interkulturellen Kontakt durch eigene Erfahrung weiterlernen und die andere Kultur ganzheitlich erfassen können. Es wird akzeptiert, dass Kultur nicht in einem zwei- oder dreitägigen Seminar erlernt werden kann.

Darüber, wie erfolgreich ein Training ist, gehen die Meinungen auseinander: Ein Trainer äußert, es sei lediglich eine Sache der Sensibilität und Selbstdisziplin, ein in den Augen der anderen Kultur angemessenes Verhalten an den Tag zu legen. Ein anderer hingegen behauptet, dass dann, wenn tatsächlich interkulturelle Konflikte auftauchen, die unweigerlich mit Stress verbunden sind, immer die eigene Kultur samt ihrer moralischen Bewertungen und ihres Verhaltens durchbricht.

Wegen dem Streben nach dem Begreifen der Ganzheitlichkeit einer Kultur werden von keinem meiner Interviewpartner 'Do's and Dont's' doziert. Nichtsdestotrotz halten sie es für ratsam, die Trainingsteilnehmer vor den größten Fettnäpfchen zu warnen und ihnen die wichtigsten Verhaltensvorschriften mitzugeben.

Block 6 'Emische Ansätze'

Die Liste mit emischen KEA wurde nur einem Gesprächspartner vorgelegt, weil die meisten Trainer noch nichts von ihnen gehört, bzw. sich kaum damit auseinander gesetzt hatten. In diesem einen Fall sind Halls, Dülfers und Ronens Ansatz bekannt. Ein weiterer Trainer kennt die emischen Ansätze aus dem Bereich der Entwicklungspolitik, in dem sie schon seit Jahrzehnten im Einsatz sind. Er sieht auch eine zukünftige Relevanz dieser Ansätze, und zwar komplementär zu den jetzigen, d.h. etischen. Ein Problem erkennt er in der Evaluation. Die anderen Interviewpartner äußern sich eher verhalten gegenüber den Ansprüchen der emischen Position:

Kulturrelativismus: Die Behauptung, man könne Kulturen nur von innen heraus verstehen, bedeutet im strengen Sinne, dass man nie eine fremde Kultur begreifen kann. Denn man hat bereits während seiner Sozialisation ein anderes Set an Kategorien erlernt, mit dem man die Umwelt (also auch die andere Kultur) interpretiert und versteht. Das würde in der Konsequenz bedeuten, *„wenn man etwas anderes nicht verstehen kann, muss man schweigen“* (Ziegler).

Kulturerfassung durch die Innensicht: Überlässt man nun die Ermittlung der Kulturspezifika den Angehörigen der jeweiligen Kultur, muss man damit rechnen, dass sie dortige Phänomene selbst nicht erklären können, da die dazugehörigen Hintergründe im Verborgenen liegen: *„Wir kennen die Grammatik der eigenen Sprache nicht“* (Hammerschmidt). Die Kulturerfassung können nur in diesem Wissensgebiet ausgebildete Einheimische in Zusammenarbeit mit fremdkulturellen Wissenschaftlern übernehmen. Aus diesem Grund werden in vielen interkulturellen Trainings der heute gebräuchlichen Form Cotrainer aus der jeweiligen Kultur eingesetzt.

Ganzheitlichkeit: wird von den Meisten akzeptiert, denn Kultur kann nur im Ganzen verstanden werden. Probleme werden gesehen, wenn es darum geht, einen geeigneten Einstieg in dieses umfassende Ganze zu finden und das zu lehrende Wissen erst einmal zu erfassen. Dies erfordert einen erheblichen Aufwand, der in den meisten Fällen nicht gerechtfertigt ist. Zum Beispiel wäre für die Ausbildung von Projektmitarbeitern, die alle paar Monate den Einsatzort wechseln, eine ganzheitliche Vermittlung von Kultur unangemessen, bei Entwicklungshelfern oder Organisationsmitarbeitern, die mehrere Jahre in einem einzigen Land verbringen, eher geeignet. Auf die Ganzheitlichkeit von Kultur wird bei allen Trainern immer wieder verwiesen, wenn z.B. ‘critical incidents’ vorgeführt werden, in die eine Vielzahl von kulturellen Variablen hineinspielen, auf deren Gesamtzusammenhang dann eingegangen wird. Wie die Teilnehmer selbst die Ganzheitlichkeit einer Kultur erlernen, wurde bereits in Block 5 erläutert.

Aus zeitlichen Gründen wird von drei Trainern meist auf die Darstellung von Lebensbereichen außerhalb der Unternehmung und des Arbeitslebens verzichtet, es sei denn, die Teilnehmer wünschen dies oder es sind auch mitausreisende Familienangehörige im Training anwesend, deren interkultureller Kontakt im anderen Land eher im privaten Bereich stattfinden wird. Bei einem anderen Trainer ist es ein untergeordnetes Thema innerhalb des Bereichs ‘Kommunikation’, bei einem weiteren wird es in jedem Fall dargestellt, da insbesondere bei 'expatriates' Beruf und Privatleben stark vermischt werden und Konflikte häufig aus privatem Missverstehen resultieren.

Block 8 'Beitrag der Wissenschaft'

Alle meiner Interviewpartner haben während ihres Studiums verschiedene Theorien kennengelernt und einige sind nach wie vor eingebunden in aktuelle wissenschaftliche Arbeit. Doch die Meisten gaben an, dass a) wissenschaftliches Wissen meist aus didaktischen Gründen nicht geeignet ist zur Vermittlung in interkulturellen Trainings, b) die Teilnehmer eher an aufgabennaher statt an kulturwissenschaftlicher Information interessiert sind, c) theoretische Modelle nicht ausreichen, will man interkulturelle Handlungskompetenz vermitteln. So dienen akademische Theorien als Hintergrundwissen und werden nur bedingt unmittelbar in Trainings angewandt.

Ein Großteil der Informationen werden aus eigener Erfahrung im Ausland gezogen oder durch den Einbezug fremdkultureller Mitarbeiter, in zwei Fällen aus eigener Forschung.

Drei Trainer äußern, dass die Wissenschaft von der Praxis getrennt lebt, wobei einer dies als notwendig erachtet, um der Lehre die nötige Freiheit zu verschaffen. Zwei jedoch bedauern dies, Einer, weil eine Zusammenarbeit Fortschritte bringen würde in der Form von zeitgemäßen und praktikablen Vorschlägen seitens der Wissenschaften, der andere, weil die derzeitige Praxis mangelnde Professionalität aufweist, die nur durch eine bessere theoretische Ausbildung erreicht werden könnte.

Eine weitere Kritik am derzeitigen Stand der Wissenschaft bezieht sich auf die mangelnde Interdisziplinarität, die dem Erkenntnisfortschritt im Wege steht.

Es werden eine Vielzahl von Themen genannt, zu denen weitere Forschung erwünscht wird: Diversität in Unternehmen und Arbeitsgruppen, Evaluierung von interkulturellen Trainings, alltägliche Interaktion von Kulturen, Berücksichtigung von kultureller Dynamik bei der Kulturerfassung, Abdeckung weiterer Länder zum Erhalt kulturspezifischer und -vergleichender Informationen, Auslandsaufenthalte von mitausreisenden Familienangehörigen etc. Fast alle meiner Gesprächspartner machen mehr oder weniger vehement darauf aufmerksam, dass zur Thematik 'Führungskräfte im Ausland' inzwischen genug geforscht worden ist, wie auch zu 'interkulturellen Trainings'.

8.5.2 Überprüfung der Hypothesen und Beantwortung der Explorationsfragen

Hypothesen 1-4:

In allen sieben von meinen Interviewpartnern durchgeführten interkulturellen Trainings werden in sechs Fällen KEA eingesetzt. Dreimal werden sie dabei explizit, d.h. in ihrer modellhaften Gesamtheit dargestellt. In einem anderen Training werden KEA implizit vermittelt, indem den Teilnehmern systematisch Inputs geliefert werden, die sich im Laufe des Trainings verdichten und am Schluss in ein System integriert werden. In zwei weiteren Trainings gehen die KEA ebenfalls indirekt ein und kommen zum Tragen, wenn Erklärungsbedarf an kulturspezifischen Aspekten herrscht. Ein Trainer von den eben genannten verwendet neben etischen auch emische Ansätze, denn es ist ihm wichtig, auf die Innensicht der jeweiligen Kultur zu verweisen, durch die allein der Zugang zu der anderen Kultur möglich ist. Die etischen KEA dienen hier nur zur Aufweisung kultureller Unterschiede und Kultursensibilisierung. Somit ist die Rolle der emischen KEA in der interkulturellen Praxis noch viel geringer als in der Wissenschaft. Kaum ein Trainer kennt sie, noch kann er sich vorstellen, wie ein interkulturelles Training durch diese Methode bestritten werden könnte. Wenn, werden sie als Ergänzung betrachtet, die auch jetzt schon z.T. - wenn auch unbewusst - durch Einbezug eines Cotrainers realisiert wird.

In einem Training wird auf Grund der vielen Schwächen absichtlich auf KEA verzichtet.

Als Ergebnis ist festzustellen, dass in den meisten interkulturellen Trainings KEA eingesetzt werden, manchmal explizit, manchmal implizit. Emische KEA werden nur ansatzweise verwendet. Es kommt selten vor, dass gänzlich auf KEA verzichtet wird.

Explorationsfragen 1-4:

Welche der KEA in interkulturellen Trainings eine Rolle spielen, wurde im Block 4 des vorangegangen Kapitels erläutert. Zusammenfassend sei gesagt, dass am häufigsten auf Hofstede zurückgegriffen wird. Grundlegend erscheinen zudem Hall, Kluckhohn / Strodtbeck, Parsons / Shils, Triandis, Trompenaars und Thomas. Zuweilen erscheinen auch Haire / Ghiselli / Porter, Thompson / Ellis / Wildavsky, Benedict, Mead, Glenn, Laurent und Erez / Earley.

KEA für Organisationen werden kaum verwendet, da auf das Thema 'Organisation' nur peripher eingegangen wird. Die einzige Ansätze, die hier zum Tragen kommen, sind die von Hofstede und Heenan / Perlmutter.

Im Bereich der emischen Ansätze werden die kulturellen Skripte von Flechsig herangezogen, doch nur als Erklärungshintergrund und nicht als Basis eines ganzen Trainings.

Auf welche zentralen Hilfsmittel wird nun zurückgegriffen, wenn etische KEA nur in Bruchstücken und nur zur Erklärung einzelner Aspekte als tauglich angesehen oder gänzlich abgelehnt werden? Die Antwort ist denkbar einfach: Es wird grundsätzlich darauf verzichtet, Kultur allumfassend darzustellen und zu vermitteln. Denn dies ist auch mit Hilfe der KEA nicht möglich, bzw. wird durch jene nur vertuscht. Es wird anerkannt, dass ein dermaßen hoher Grad an Verallgemeinerung, den die KEA implizieren, nicht zur unmittelbaren Analyse von persönlichem Verhalten herangezogen werden kann. So werden die wichtigsten Punkte veranschaulicht, in denen kulturelle Unterschiede auftauchen (z.B. durch Kulturkontrast oder einer Form von 'critical incidents'). Dem Trainingsteilnehmer wird beigebracht, wie man an eine andere Kultur ohne den Einsatz von Dimensionen, Kategorien o.ä. herangeht und versteht. Darauf kann er im interkulturellen Kontakt zurückgreifen, um sich in der entsprechenden Situation zu verhalten zu wissen und darüber hinaus eigenständig weiterzulernen.

Zu beachten ist, dass die Vermittlung eines solchen Analyseinstruments Ziel der anderen Trainings auch ist; der Unterschied liegt darin, dass hierfür ein Orientierungsrahmen aufgebaut werden soll, der u.a.

aus einem oder mehreren (etischen) KEA besteht.[89] Der Beitrag des KEA zum Orientierungsrahmen fällt sehr unterschiedlich aus: Zuweilen ist ein KEA zentral und strukturiert das ganze Training (meist der von Hofstede), wobei er durch einzelne Erfassungskategorien weiterer KEA (v.a. Hall, Trompenaars, Kluckhohn / Strodtbeck, Parsons / Shils) und andersartige Erkenntnisse (z.B. eigene Erfahrung der Trainer) ergänzt wird. Zuweilen spielen KEA nur eine Nebenrolle und treten lediglich als eine von vielen Erklärungsmöglichkeiten einzelner kultureller Aspekte auf. Beim letzteren Vorgehen wird auch selten das gesamte Modell verwendet, sondern nur einzelne Erfassungskategorien daraus, die auf ganz spezielle Gegebenheiten angewendet werden. Es gibt jedoch auch Trainer, deren Meinung nach die Dimensionen von Hofstede ein Analyseinstrument für andere Kulturen verkörpern, das keines weiteren Zusatzes bedarf.

In jedem Fall wird durch einen KEA die kognitive Komponente angesprochen, indem er durch Vorträge, Druckmaterialien oder kurze verbale Inputs des Trainers vorgestellt wird. Der KEA gilt grundsätzlich als eine Ergänzung zum Affekt; der Affekt wird dann tangiert, wenn (echte oder simulierte) interkulturelle Erfahrung am eigenen Leibe verspürt und emotional verarbeitet wird. Die Aussagen der KEA sollen dazu dienen, in einer anderen Kultur angemessenes und zweckmäßiges Verhalten selbst ableiten zu können. Doch das Wissen darum, wie adäquates Verhalten auszusehen hat, reicht nicht aus; Verhalten muss regelrecht eingeübt werden.

Die Verwendung und Beurteilung der KEA im speziellen und im allgemeinen ist nicht geprägt durch sonderlich große Diskrepanzen zwischen Wissenschaft und Praxis: KEA, die breit in der Literatur besprochen werden, finden ihren Weg ins interkulturelle Management (Trompenaars, Hofstede, Hall, Kluckhohn / Strodtbeck, Parsons / Shils). Zusätzlich haben die interkulturellen Trainer auch ihre persönlichen Steckenpferde (z.B. Thompson / Ellis / Wildavsky). Während die

---

[89] Da von meinen Interviewpartnern lediglich einer und auch nur bedingt emische KEA verwendet, möchte ich an dieser Stelle keine generalisierenden Aussagen über den Sinn und Zweck vom Einsatz emischer KEA machen.

Wissenschaft auf Validität der Ergebnisse und auf theoretisch korrekte Zusammenhänge pocht, steht bei den Trainern eher im Vordergrund, ob KEA der Vermittlung kultureller Kompetenz dienen - der Zweck heiligt die Mittel.

Bemerkenswert ist, dass keiner der Trainer einen Ausbau oder eine Weiterentwicklung von KEA fordert. Das einzige, was diesbezüglich gewünscht wird, ist der empirische Einbezug der kulturellen Veränderungen und die geographische Ausweitung auf mehr Länder und Kulturen.

9. Stellungnahme und Ausblick

Es gibt fast eine unüberschaubare Anzahl von Ansätzen, die versuchen, auf die eine oder andere Weise Kultur zu erfassen. Doch jeder KEA weist Schwächen auf und ist weder in theoretischer noch in praktischer Sicht uneingeschränkt verwendbar. So ist es auch schwer, ein allgemeines Urteil darüber zu fällen, ob etische oder emische KEA besser geeignet sind. Die erste Gruppe macht durch Anwendung universaler Erfassungskategorien und Verallgemeinerungen Vergleiche zwischen verschiedenen Kulturen möglich, die nötig für ein leichteres Verständnis kultureller Unterschiede sind. Emische Konzepte dagegen können erst ermitteln, wie eine Kultur wirklich ist, d.h. wie sie von den Angehörigen verstanden und gelebt wird. Daher ist kein Modelltyp als alleiniger Baustein eines interkulturellen Training empfehlenswert. Eine Kombination aus beiden Ansätzen (z.B. Vorstellung von Kulturdimensionen plus Einbringen emischer Konzepte durch einen Cotrainer) mit Ergänzungen durch andere Methoden ist sowohl aus Sicht der Wissenschaft als auch aus Sicht der Praxis am ehesten praktikabel und gewinnversprechend.

Jeder KEA, gleich welches wissenschaftstheoretischen Standpunkts, untersucht andere kulturelle Variablen und stellt wie jedes Modell einen Ausschnitt, nie die ganze Wirklichkeit dar. Doch durch die Betrachtung all dieser Variablen kann man sich ein Bild davon machen, auf wie vielen Ebenen Kulturen voneinander variieren: *„There are probably an infinite number of ways in which cultures differ“* (Triandis / Albert 1987: 267). Es wird deutlich, dass es schlicht unmöglich ist, eine Kultur in ihrer Gesamtheit zu erfassen. Dies kann kein Modell und kein menschlicher Verstand - selbst in unserer eigenen Kultur sind uns bei weitem nicht alle kulturellen Ausprägungen bekannt oder gar verständlich. Will oder muss man eine Kultur (sei es die eigene oder fremde) erlernen, bedarf es eines lebenslangen Prozesses, in dem Erlerntes immer wieder erweitert und auch revidiert wird, um mit dem kontinuierlichen Wandel einer Kultur Schritt zu halten.

Ausgehend von der Empirik ist zusammenfassend zu konstatieren, dass es unter den Praktikern keine einheitliche Meinung über die optimale Operationalisierung von KEA gibt. Vielmehr sind drei Arten der Integration von KEA bei interkulturellen Trainings zu beobachten:

1. KEA werden verwendet, wie der Autor es vorschreibt, da sie als optimale Analysewerkzeuge gesehen werden, mit der man eine fremde Kultur entschlüsseln kann.
2. KEA werden nur teilweise und in Ergänzung zu anderen Erkenntnissen aufgenommen, da ihre Schwächen zumindest teilweise erkannt werden, aber trotzdem als brauchbare Methoden der Analyse, Darstellung und Vermittlung von Kultur erachtet werden.
3. KEA werden gar nicht integriert, da sie als untauglich angesehen werden, interkulturelle Kompetenz bei den Teilnehmern aufzubauen.

Abb. 40: Integration der KEA in interkulturelle Trainings

Um bei Mitarbeitern von Organisationen interkulturelle Kompetenz zu entwickeln, bedarf es außer KEA zu Ländern, Ethnien und Organisationen einiger weiterer Erkenntnisse. Diese werden heutzutage meist aus Erfahrung der Trainer aus persönlichen Kontakten mit der anderen Kultur gezogen. Die KEA könnten zwar auf Grund empirischer Daten für das interkulturelle Training Erkenntnisse über die andere Kultur liefern, doch meist werden sie nur als Raster verwendet, das mit Wissen aus anderer Quelle gefüllt wird.

Die Praktiker und auch einige Wissenschaftler erkennen hierbei folgende Ursache: „*Wer dann als Trainer für die Industrie arbeitet, gibt bald seine wissenschaftlichen Ansprüche auf und ordnet sich den harten Bedingungen des industriellen Bildungsmarktes unter. Belächelt oder angefeindet von den alten Freunden, die auf der Anhöhe der reinen Wissenschaft verblieben sind, übernehmen sie mehr und mehr die wissenschaftsfeindliche Rhetorik der Bildungsmanager. Damit liefern sie denen auf der Anhöhe den Beweis dafür, dass in den Niederungen der Praxis der Anspruch auf Wissenschaftlichkeit nicht überleben kann, was dazu beiträgt, dass sich die Theoretiker noch weiter von der Praxis distanzieren. Im Auseinanderdriften von Praxis und Theorie zeigt sich aber gerade das Fehlen einer 'mittleren Wissenschaftlichkeit', die mit interdisziplinären, anwendungsorientierten Konzepten zwischen beiden Polen vermitteln könnte"* (Moosmüller 1993: 274f).

So kann man die Schlussfolgerung anstellen, dass es nicht Konzepte sind (wie z.B. ein optimaler KEA), die sich Praktiker von der Wissenschaft wünschen, sondern eine bessere Zusammenarbeit in sämtlichen Bereichen, um gegenwärtigen Problemen mit wissenschaftlich basierter Grundlage und praktischer Anwendbarkeit entgegentreten zu können. Zukünftige Forschung würde sich nicht weiterhin auf bereits 'ausgeschlachtete' Gebiete wie interkulturelles Training stürzen, sondern sich aktuellen Themen widmen, die in der heutigen Zeit der Globalisierung im interkulturellen Bereich immer schneller entstehen. Internationale Zusammenarbeit findet inzwischen auf so vielen unterschiedlichen Ebenen statt: fremdkulturelles Klientel nicht nur bei Unternehmen, sondern auch bei staatlichen Einrichtungen wie Ämter, Krankenhäuser, Schulen, etc. oder NGOs wie Kirchen oder Wohlfahrtsverbänden - Mitarbeiter mit unterschiedlichem kulturellen Hintergrund - ausländische Zulieferer - internationale Kooperationen - Tourismus - usw. Auch im privaten Bereich werden Kontakte zwischen verschiedenen Kulturen häufiger, sei es bei Reisen, Austauschprogrammen von Schülern und Studenten, im Ausland lebenden Familien, Partnerschaft und Freundschaft zwischen verschiedenkulturellen Personen, etc.

Es sollte für die Wissenschaft eine Herausforderung sein, sich der Praxis als Partner zu stellen und mit ihr zusammen diese neuartigen Probleme aufzugreifen, zu untersuchen und sinnvolle Lösungen zu erstellen. Dies ist auch eine Aufforderung an die Ethnologie, die sich bisher distanziert zurück gehalten hat, aber m.E. die Mutter der interkulturellen Kommunikation darstellt, sich am Dialog zu beteiligen, konstruktive Beiträge zur Weiterentwicklung der vorliegenden verbesserungswürdigen Theorien zu leisten und vor allem sich aktuellen Themen der eigenen Kultur zu widmen.

LITERATUR

Adler, Nancy J.
1991 *International Dimensions of Organizational Behavior.* Belmont

Albert, Rosita D.
1983 The Intercultural Sensitizer or Culture Assimilator: A Cognitive Approach. In: Landis, Dan / Brislin, Richard W. (Hrsg.): *Handbook of Intercultural Training: Vol. 2. Issues in Training Methodology.* New York. 186-217
1996 A Framework and Model for Understanding Latin American and Latino / Hispanic Cultural Patterns. In: Landis, Dan / Bhagat, Rabi S. (Hrsg.): *Handbook of Intercultural Training.* Thousand Oaks. 327-348

Albert, Rosita D. / Adamopoulos, John
1980 An Attributional Approach to Culture Learning: The Culture Assimilator. In: Hamnett, Michael P. / Brislin, Richard W. (Hrsg.): *Research in Culture Learning: Language and Conceptual Studies.* Honolulu. o.S.

Allport, Gordon W. / Vernon, Philip E. / Lindzey, Gardner
1951 *A Study of Values.* Boston

Alvesson, Mats
1993 *Cultural Perspectives on Organizations.* Cambridge

Alvesson, Mats / Berg, Per Olof
1992 *Corporate Culture and Organizational Symbolism. An Overview.* Berlin

Arzt, Hans-Georg (Hrsg.)
1994 *Europäische Qualifikation durch deutsch-französische Ausbildung? Die Bedeutung der Unterschiede nationaler Bildungssysteme für die internationale wirtschaftliche Zusammenarbeit.* Ludwigsburg

Baba, Marietta L.
1994 Organizational Culture. In: Ingold, Tim (Hrsg.): *Companion Encyclopedia of Anthropology.* London. 891-895

Banfield, Edward C.
1958 *The Moral Basis of a Backward Society.* New York

Barnard, Alan / Spencer J. (Hrsg.)
1998 *Encyclopedia of Social and Cultural Anthropology.* London

Barrett, Gerald V. / Bass, Bernard M.
1990 Cross-Cultural Issues in Industrial and Organizational Psychology. In: Dunnette, Marvin D. (Hrsg.): *Handbook of Industrial and Organizational Psychology.* Palo Alto. 1639-1686

Bass, Bernard M.
1981 Leadership in Different Cultures. In: Stogdill, Ralph M.: *Stogdill's Handbook of Leadership.* New York. 522-549

Beck, Ulrich
1997 *Was ist Globalisierung? Irrtümer des Globalismus - Antworten auf Globalisierung.* Frankfurt

Beck, Brenda E. / Moore, Larry F.
1985 Linking the Host Culture to Organizational Variables. In: Frost, Peter J. / Moore, Larry F. / Louis, Meryl R. / Lundberg, Craig C. / Martin, Joanne (Hrsg.): *Organizational Culture.* Beverly Hills. 335-354

Beermann, Lilly / Stengel, Martin
1996 Werte im interkulturellen Vergleich. In: Bergemann, Niels, Sourisseaux / Andreas L.J. (Hrsg.): *Interkulturelles Management*. Heidelberg. 7-34

Benedict, Ruth
1959 *Patterns of Culture.* Boston
1977 [1946] *The Chrysanthemum and the Sword: Patterns of Japanese Culture.* Boston

Bergemann, Niels / Sourisseaux, Andreas L.J. (Hrsg.)
1996 *Interkulturelles Management.* Heidelberg

Berry, John W.
1969 On Cross-Cultural Comparability. *Journal of Psychology*, 4(2): 119-128
1990 Imposed Etics, Emics, and Derived Etics: Their Conceptual and Operational Status in Cross-Cultural Psychology. In: Headland, Thomas N. / Harris, Marvin (Hrsg.): *Emics and Etics. The Insider / Outsider Debate.* Newbury Park. 84-99
1992 *Cross-Cultural Psychology.* New York

Bhawuk, Dharm P. / Triandis, Harry C.
1996 The Role of Culture Theory in the Study of Culture and Intercultural Training. In: Landis, Dan / Bhagat, Rabi S. (Hrsg.): *Handbook of Intercultural Training.* Thousand Oaks. 17-34

Bittner, Andreas / Reisch, Bernhard
1994 *Interkulturelles Personalmanagement*, Wiesbaden

Blake, Brian F. / Heslin, Richard
1983 Evaluating Cross-Cultural Training. In: Landis, Dan / Brislin, Richard W. (Hrsg.): *Handbook of Intercultural Training. Vol. 1. Issues in Theory and Design*. New York. 203-223

Bochner, Stephen
1994 Cross-Cultural Differences in the Self-Concept. A Test of Hofstede's Individualism / Collectivism Distinction. *Journal of Cross-Cultural Psychology,* 25: 273-283

Bochner, Stephen / Hesketh, Beryl
1994 Power Distance, Individualism / Collectivism, and Job-Related Attitudes in a Culturally Diverse Work Group. *Journal of Cross-Cultural Psychology,* 25: 233-257

Boehm, Andreas / Mengel, Andreas / Muhr, Thomas (Hrsg.)
1994 *Texte verstehen. Konzepte, Methoden, Werkzeuge.* Konstanz

Boesch, Ernst E. / Eckensberger Lutz H.
1969 Methodische Probleme des interkulturellen Vergleichs. In: Thomas, Alexander (Hrsg.): *Handbuch der Psychologie.* Vol.7. Göttingen. 515-564

Bolten, Jürgen
1995 Grenzen der Internationalisierungsfähigkeit. Interkulturelles Handeln aus interaktionstheoretischer Perspektive. In: Bolten, Jürgen (Hrsg.): *Cross Culture - Interkulturelles Handeln in der Wirtschaft*. Berlin. 24-42

Bolten, Jürgen (Hrsg.)
1995 *Cross Culture - Interkulturelles Handeln in der Wirtschaft.* Berlin

Bond, Michael H. (Hrsg.)
1988 *The Cross-Cultural Challenge to Social Psychology.* Newbury Park

Brislin, Richard W.
1983 Cross-Cultural Research in Psychology. *Annual Review of Psychology*, 34: 363-400

Brislin, Richard W. / Landis, Dan / Brandt, Mary E.
1983 Conzeptualizations of Intercultural Behavior and Training. In: Landis, Dan / Brislin, Richard W. (Hrsg.): *Handbook of Intercultural Training. Vol. I. Issues in Theory and Design.* New York. 1-35

Child, John / Kieser, Alfred
1979 Organization and Managerial Roles in British and West German Companies: An Examination of the Culture-Free Thesis. In: Lammers, Cornelis J. / Hickson, David J. (Hrsg.): *Organizations Alike and Unlike. International and Interinstitutional Studies in the Sociology of Organizations.* London. 251-271

Chinese Culture Connection
1987 Chinese Values and the Search for Culture-Free Dimensions of Culture. *Journal of Cross-Cultural Psychology,* 18(2): 143-164

Cray, David / Mallory, Geoffrey R.
1998 *Making Sense of Managing Culture*. London

Cushner, Kenneth / Landis, Dan
1996 The Intercultural Sensitizer. In: Landis, Dan / Bhagat, Rabi S. (Hrsg.): *Handbook of Intercultural Training.* Thousand Oaks. 185-202

D'Andrade, Roy G.
1995 *The Development of Cognitive Anthropology*. Cambridge

Dierkes, Meinolf / Rosenstiel, Lutz von / Steger, Ulrich (Hrsg.)
1993 Unternehmenskultur in Theorie und Praxis. Konzepte aus Ökonomie, Psychologie und Ethnologie. Frankfurt

Dorfman, Peter W. / Howell, Jon P.
1988 Dimensions of National Culture and Effective Leadership Patterns: Hofstede Revisited. *Advances in International Comparative Management,* 3: 127-150

Douglas, Mary
1982 *In the Active Voice.* London

Dunnette, Marvin D. (Hrsg.)
1990 *Handbook of Industrial and Organizational Psychology.* Palo Alto

Drechsel, Paul / Behr, Hartmut / Schmidt, Bettina
1998 *Inter- und transkulturelles Management. Geert Hofstede, Fons Trompenaars, Alexander Thomas und Wendy Hall im Vergleich zu unserem Ansatz des 'Cultural Web'.* <http://www.oke-consult.de/oke-html/doc6. html>. Zugriff: 16.9.1999

Dülfer, Eberhard
1992 *Internationales Management in unterschiedlichen Kulturbereichen.* München

Dülfer, Eberhard (Hrsg.)
1988 *Organisationskultur. Phänomen - Philosophie - Technologie.* Stuttgart

Earley, Christopher P. / Erez, Miriam
1997 *The Transplanted Executive.* New York

Endruweit, Günter / Trommsdorff, Gisela (Hrsg.)
1989 *Wörterbuch der Soziologie 1.* Stuttgart

Fankhauser, Kathrin
1996 *Management von Organisationskulturen.* Bern

Fiedler Fred E. / Mitchell, Terence / Triandis, Harry C.
1971 The Culture Assimilator: An Approach to Cross-Cultural Training. *Journal of Applied Psychology*, 55(2): 95-102

Fiske, Alan Page

1991 *Structures of Social Life. The Four Elementary Forms of Human Relations.* New York

1992 The Four Elementary Forms of Sociality: Framework for a Unified Theory of Social Relations. *Psychological Review,* 99(4): 689-723

Flechsig, Karl-Heinz

1998a *Methoden interkulturellen Trainings.* <http://www.gwdg.de/~kflechs/iikdiaps1-98.htm>. Zugriff: 29.09.1999

1998b *Kulturelle Schemata und interkulturelles Lernen.* <http://www.gwdg.de/~kflechs/iikdiaps3-98.htm>. Zugriff: 29.09.1999

Flick, Uwe

1995 *Qualitative Forschung. Theorie, Methoden, Anwendung in Psychologie und Sozialwissenschaften.* Reinbek bei Hamburg

Forstmann, Stephan

1994 *Kulturelle Unterschiede bei grenzüberschreitenden Akquisitionen.* St. Gallen

Foster, George M.

1965 Peasant Society and the Image of Limited Good. *American Anthropologist,* 67(1): 293-315

Frost, Peter J. / Moore, Larry F. / Louis, Meryl R. / Lundberg, Craig C./ Martin, Joanne (Hrsg.)

1985 *Organizational Culture.* Beverly Hills

Glenn, Edmund S.

1981 *Man and Mankind: Conflict and Communication between Cultures.* Norwood

Gries, Sabine / Voigt, Dieter
1989 Ethnozentrismus. In: Endruweit, Günter / Trommsdorff, Gisela (Hrsg.): *Wörterbuch der Soziologie 1*. Stuttgart. 170-171

Gudykunst, William B. / Guzley, Ruth M. / Hammer, Mitchell R.
1996 Designing Intercultural Training. In: Landis, Dan / Bhagat, Rabi S. (Hrsg.): *Handbook of Intercultural Training*. Thousand Oaks. 61-80

Gudykunst, William B. / Hammer, Mitchell R.
1983 Basic Training Design: Approaches to Intercultural Training. In: Landis, Dan / Brislin, Richard W. (Hrsg.): *Handbook of Intercultural Training. Vol. I. Issues in Theory and Design*. New York. 118-154

Gudykunst, William B. / Hammer, Mitchell R. / Wisemann, Richard L.
1977 An Analysis of an Integrated Approach to Cross-Cultural Training. *International Journal of Intercultural Relations*, 1(2): 99-110

Gudykunst, William B. / Kim, Young Y.
1992 *Communicating with Strangers. An Approach to Intercultural Communication*. New York

Haire, Mason / Ghiselli, Edwin E. / Porter, Lyman W.
1966 *Managerial Thinking: An International Study*. New York

Hall, Edward T.
1959 *The Silent Language*. Greenwich
1966 *The Hidden Dimension*. New York
1974 *Handbook for Proxemic Research*. Washington DC
1976 *Beyond Culture*. New York
1983 *The Dance of Life. The Other Dimension of Time*. New York

Hall, Wendy
1995 *Managing Cultures. Making Strategic Relationships Work.* New York

Hamnett, Michael P. / Brislin, Richard W. (Hrsg.)
1980 *Research in Culture Learning: Language and Conceptual Studies.* Honolulu

Harris, Philip R. / Moran, Robert T.
1991 *Managing Cultural Differences.* Houston

Hart, William B.
1998 What is Intercultural Relation? *The Edge: The E-Journal of Intercultural Relations*, 3(1). <http://kumo.swcp.com/biz/theedge/icr.htm>. Zugriff: 10.08.1999

Headland, Thomas N. / Harris, Marvin (Hrsg.)
1990 *Emics and Etics. The Insider / Outsider Debate.* Newbury Park

Heenan, David A. / Perlmutter, Howard V.
1979 *Multinational Organization Development: a Social Architectural Perspective*. Reading

Helmers, Sabine (Hrsg.)
1993 *Ethnologie der Arbeitswelt. Beispiele aus europäischen und außereuropäischen Feldern.* Bonn

Hofstede, Geert
1984 [1980] *Culture's Consequences. International Differences in Work-Related Values.* Newbury Park
1985 The Interaction between National and Organizational Value Systems. *Journal of Management Studies,* 22: 347-357
1989 Organising for Cultural Diversity. *European Management Journal*, 7(4): 390-397
1991 *Cultures and Organizations: Software of the Mind.* London

1996 The Cultural Relativity of Organizational Practices and Theories. In: Inkeles, Alex / Sasaki Masamichi: *Comparing Nations and Cultures. Readings in a Cross-Disciplinary Perspective.* New Jersey. 387-401

Hofstede, Geert / Bond, Michael Harris
1984 Hofstede's Culture Dimensions. An Independent Validation Using Rokeach's Value Survey. *Journal of Cross-Cultural Psychology,* 15(4): 417-433

Hofstede, Geert / Neuijen, Bram / Ohayv, Denise D. / Sanders, Geert
1990 Measuring Organizational Cultures: A Qualitative and Quantitative Study across 20 Cultures. *Adminiatrative Science Quarterly,* 35(2): 286-316

Holland, Dorothy / Quinn, Naomi
1987 Culture and Cognition. In: Holland, Dorothy / Quinn, Naomi (Hrsg.): *Cultural Models in Language and Thought.* Cambridge. 1-20

Holland, Dorothy / Quinn, Naomi (Hrsg.)
1987 *Cultural Models in Language and Thought.* Cambridge

Holstein, James A. / Gubrium, Jaber F.
1995 *The Active Interview.* Thousand Oaks

Hulgus, Joseph E. / Landis, Dan
1981 *The Effects of two Types of Acculturative Training.* o.O.: Unveröffentlichtes Manuskript

Inglehart, Ronald
1977 *The Silent Revolution.* Princeton

Ingold, Tim (Hrsg.)
1994 *Companion Encyclopedia of Anthropology.* London

Inkeles, Alex / Sasaki Masamichi
1996 *Comparing Nations and Cultures. Readings in a Cross-Disciplinary Perspective.* New Jersey

Inkeles, Alex / Smith, David H.
1974 *Becoming Modern. Individual Change in Six Developing Countries.* London

ITIM (Institute for Training in Intercultural Management)
o.J. *The 5-D Model.* <http:// home.wsx.nl/˜itim>. Zugriff 11.12.1999

Jablin, Fredric M. / Putnam, Linda L. / Roberts, Karlene H. / Porter, Lyman W. (Hrsg.)
1987 *Handbook of Organizational Communication. An Interdisciplinary Perspective.* Newbury Park

Jacobi, Frank / Poldrack, Andreas (Hrsg.)
2000 *Klinisch-Psychologische Forschung: ein Praxishandbuch.* Göttingen.

Johnson, Gerry
1992 Managing Strategic Change - Strategy, Culture and Action. *Long Range Planning,* 25(1): 28-36

Johnson, Gerry / Scholes, Kevan
1993 *Exploring Corporate Strategy. Text and Cases.* New York

Kandath, Krishna P.
1998 On the Past and Future of Intercultural Relations Study. An Interview with Wendy Leeds-Hurwitz. *The Edge: The E-Journal of Intercultural Relations,* 3(1). <http://kumo.swcp.com/biz/theedge/intvldsh.htm>. Zugriff: 10.08.1999

Kaschube, Jürgen

1993 Betrachtung der Unternehmens- und Organisationskulturforschung aus (organisations-) psychologischer Sicht. In: Dierkes, Meinolf / Rosenstiel, Lutz von / Steger, Ulrich (Hrsg.): Unternehmenskultur in Theorie und Praxis. Konzepte aus Ökonomie, Psychologie und Ethnologie. Frankfurt. 90-146

Katz, Judy H.

1977 The Effects of a Systematic Training Program on the Attitudes and Behaviors of White People. *International Journal of Intercultural Relations*, 1(1): 77-89

Keller, Eugen von

1982 *Management in fremden Kulturen: Ziele, Ergebnisse und methodische Probleme der kulturvergleichenden Managementforschung*. Bern

Kiechl, Rolf

1990 Ethnokultur und Unternehmenskultur. In: Lattmann, Charles (Hrsg.): *Die Unternehmenskultur: Ihre Grundlagen und ihre Bedeutung für die Führung von Unternehmen.* Heidelberg. 107-130

Kieser, Alfred

1994 Book Review - Geert Hofstede: Cultures and Organizations. Software of the Mind. *Organization Studies*, 15(3): 457-460

Kim, Uichol / Triandis, Harry C. / Kâgitçibasi, Çigdem / Choi, Sang-Chim / Yoon , Gene (Hrsg.)

1994 *Individualism and Collectivism. Theory, Method, and Applications.* Thousand Oaks

Klimecki, Rüdiger G.

1996 Mitarbeiterführung in fremden Kulturen. In: Macharzina, Klaus / Wolf, Joachim (Hrsg.): *Handbuch Internationales Führungskräfte-Management.* Stuttgart

Kluckhohn, Clyde

1961 [1951] Values and Value-Orientation in the Theory of Action: An Exploration in Definition and Classification. In: Parsons, Talcott / Shils, Edward A. (Hrsg.): *Toward a General Theory of Action.* Cambridge. 388-433

Kluckhohn, Clyde / Murray, Henry. A. (Hrsg.)

1948 *Personality in Nature, Culture and Society.* New York

Kluckhohn, Florence R. / Strodtbeck, Fred L.

1961 *Variations in Value Orientations.* Westport

Kobi, Jean-Marcel / Wüthrich, Hans A.

1986 *Unternehmenskultur verstehen, erfassen und gestalten.* Landsberg am Lech

Koschnick, Wolfgang J.

1984 *Standardwörterbuch für die Sozialwissenschaften. Bd. 1. Englisch-Deutsch.* München

Krewer, Bernd

1994 Interkulturelle Trainingsprogramme - Bestandsaufnahme und Perspektiven. In: Arzt, Hans-Georg (Hrsg.): *Europäische Qualifikation durch deutsch-französische Ausbildung? Die Bedeutung der Unterschiede nationaler Bildungssysteme für die internationale wirtschaftliche Zusammenarbeit.* Ludwigsburg. 36-50

Lammers, Cornelis J. / Hickson, David J.

1979 Are Organizations Culture-Bound? In: Lammers, Cornelis J. / Hickson, David J. (Hrsg.): *Organizations Alike and Unlike. International and Interinstitutional Studies in the Sociology of Organizations.* London. 402-419

Lammers, Cornelis J. / Hickson, David J. (Hrsg.)
1979 *Organizations Alike and Unlike. International and Interinstitutional Studies in the Sociology of Organizations.* London

Landis, Dan / Bhagat, Rabi S.
1996 A Model of Intercultural Behavior and Training. In: Landis, Dan / Bhagat, Rabi S. (Hrsg.): *Handbook of Intercultural Training.* Thousand Oaks. 1-13

Landis, Dan / Bhagat, Rabi S. (Hrsg.)
1996 *Handbook of Intercultural Training*. Thousand Oaks

Landis, Dan / Brislin, Richard W. (Hrsg.)
1983 *Handbook of Intercultural Training. Vol. 1. Issues in Theory and Design.* New York

1983 *Handbook of Intercultural Training: Vol. 2. Issues in Training Methodology.* New York

Landis, Dan / Day, Harry R. / McGrew, Penny L. / Miller, Albert B. / Thomas, James A.
1976 Can a Black Culture Assimilatior Increase Racial Understanding. *Journal of Social Issues*, 32: 169-183

Landis, Dan / Tzeng, Oliver C.
1981 *Some Effects of Acculturative Training: A Field Study.* Center for Applied Research and Evaluation Technical Report, Purdue University School of Science

Lattmann, Charles (Hrsg.)
1990 *Die Unternehmenskultur: Ihre Grundlagen und ihre Bedeutung für die Führung von Unternehmen.* Heidelberg

Laurent, André

1983 The Cultural Diversity of Western Conceptions of Mangement. *International Studies of Management and Organization,* 13: 75-96

Lehrstuhl für Sprachwissenschaft II

o.J. a *Stereotype und Kontextualisierungshinweise.* Europa - Universität Viadrina. <http://viadrina.euv-frankfurt-o.de/~sw2/Publikationen/Ethno/ethno3.html>. Zugriff: 06.08.1999

o.J. b *Methodologische Schlussfolgerungen.* Europa-Universität Viadrina. <http://viadrina.euv-frankfurt-o.de/~sw2/Publikationen/Ethno/ethno 4.html>. Zugriff: 06.08.1999

Levine, Robert

1998 *Eine Landkarte der Zeit.* München

Levine, Robert V. / Bartlett, Kathy

1984 Pace of Life, Punctuality, and Coronary Heart Disease in Six Countries. *Journal of Cross-Cultural Psychology,* 15(2): 233-255

Lewin, Kurt

1935/36 Some Social-Psychological Differences between the United States and Germany. *Character and Personality,* 4: 265-293

Lomax, Alan / Berkowitz, Norman

1972 The Evolutionary Taxonomy of Culture. *Science,* 177: 228-239

Macharzina, Klaus / Wolf, Joachim (Hrsg.)

1996 *Handbuch Internationales Führungskräfte-Management.* Stuttgart

Malpass, Roy S. / Salancik, Gerald P.
1977 Linear and Branching Formats in Culture Assimilator Training. *International Journal of Intercultural Relations*, 1(2): 76-87

Mandl, Heinz / Spada, Hans (Hrsg.)
1988 *Wissenspsychologie*. München

Mayring, Philipp
1993 *Qualitative Inhaltsanalyse. Grundlagen und Techniken.* Weinheim

1994 Qualitative Inhaltsanalyse. In: Boehm, Andreas / Mengel, Andreas / Muhr, Thomas (Hrsg.): *Texte verstehen. Konzepte, Methoden, Werkzeuge.* Konstanz. 159-175

Mazur, Allan
1977 Interpersonal Spacing on Public Benches in 'Contact' vs. 'Noncontact' Cultures. *Journal of Social Psychology,* 101(1): 53-58

McClelland, David C.
1961 *The Achieving Society.* Princeton

Mead, Margaret
1976 *Cooperation and Competition among Primitive Peoples.* Gloucester

Mole, John
1992 *Euro-Knigge für Manager.* Frankfurt

Moosmüller, Alois
1993 Interkulturelles Management als Herausforderung - Zum Vergleich von Nationalkulturen in einer anwendungsorientierten Kulturwissenschaft. In: Helmers, Sabine (Hrsg.): *Ethnologie der Arbeitswelt. Beispiele aus europäischen und außereuropäischen Feldern*. Bonn. 251-277

Morey, Nancy C. / Luthans, Fred

1984 An Emic Perspective and Ethnoscience Methods for Organizational Research. *Academy of Mangement Review*, 9(1): 27-36

Morris, Charles

1956 *Varieties of Human Value.* Chicago

Morris, Charles / Jones, Lyle V.

1955 Value Scales and Dimensions. *Journal of Abnormal and Social Psychology,* 51: 523-535

Mruck, Katja / Mey, Günther

2000 Qualitative Forschung. In: Jacobi, Frank / Poldrack, Andreas (Hrsg.): *Klinisch-Psychologische Forschung: ein Praxishandbuch.* Göttingen. 191-208

Murdock, George P., Provost, Caterina

1973 Measurement of Cultural Complexity. *Ethnology,* 12: 379-392

Neuberger, Oswald / Kompa, Ain

1987 *Wir, die Firma. Der Kult um die Unternehmenskultur.* Weinheim

Nietzsche, Friedrich

1928 *Die dionysische Weltanschauung.* Leipzig

O'Brien, Gordon E. / Fiedler, Fred E. / Hewett, Tom

1971 The Effects of Programmed Culture Training upon the Performance of Volunteer Medical Teams in Central America. *Human Relations*, 24(3): 209-231

Osgood, Charles E. / May, William H. / Miron, Murray S.

1975 *Cross-Cultural Universals of Affective Meaning.* Urbana

Osterloh, Margit
1994 Kulturalismus versus Universalismus. Reflektionen zu einem Grundlagenproblem des interkulturellen Managements. In: Schiemenz, Bernd / Wurl, Hans-Jürgen (Hrsg.): *Internationales Management.* Wiesbaden. 95-116

Paarek, Udai
1986 A Motivational Paradigm of Development. *Journal of Social Issues.* 24(2): 115-122

Parsons, Talcott / Shils, Edward A. (Hrsg.)
1961 [1951] *Toward a General Theory of Action.* Cambridge

Pelto, Pertti J.
1968 The Differences between 'Tight' and 'Loose' Societies. *Trans-action,* April: 37-40

Pike, Kenneth L.
1966 *Language in Relation to a Unified Theory of the Structure of Human Behaviour.* The Hague

Pümpin, Cuno / Kobi, Jean-Marcel / Wüthrich, Hans A.
1985 *Unternehmenskultur. Basis strategischer Profilierung erfolgreicher Unternehmen.* Bern

Quinn, Robert E. / McGrath, Michael R.
1985 The Transformation of Organizational Cultures. In: Frost, Peter J. / Moore, Larry F. / Louis, Meryl R. / Lundberg, Craig C. / Martin, Joanne (Hrsg.): *Organizational Culture.* Beverly Hills. 315-334

Randolph, Garry / Landis, Dan / Tzeng Oliver C.
1977 The Effects of Time and Practice upon Culture Assimilator Training. *International Journal of Intercultural Relations,* 1(4): 105-119

Reisch, Bernhard

1991 Kulturstandards lernen und vermitteln. In: Thomas, Alexander (Hrsg.): *Kulturstandards in der internationalen Begegnung.* Saarbrücken. 71-101

Rokeach, Milton

1972 *Beliefs, Attitudes, and Values. A Theory of Organization and Change.* San Francisco

1973 *The Nature of Human Values.* New York

Ronen, Simcha

1986 *Comparative and Multinational Management.* New York

Ronen, Simcha / Kraut, Allen I.

1977 Similarities among Countries Based on Employee Work Values and Attitudes. *Columbia Journal of World Business,* 12(2): 89-96

Ronen, Simcha / Punnett, Betty J.

1982 *Nation or Culture: The Appropriate Unit of Analysis in Cross-Cultural Research.* New York

Ronen, Simcha / Shenkar, Oded

1985 Clustering Countries on Attitudinal Dimensions: A Review and Synthesis. *Academy of Management Review*, 17(3): 435-454

Rotter, Julian B.

1966 Generalized Expectancies for External versus Internal Control of Reenforcement. *Psychological Monographs*, 80(1): 1-28

Rühli, Edwin

1990 Ein methodischer Ansatz zur Erfassung und Gestaltung von Unternehmenskulturen. In Lattmann, Charles (Hrsg.): *Die Unternehmenskultur: Ihre Grundlagen und ihre Bedeutung für die Führung von Unternehmen.* Heidelberg. 189-205

1991 Unternehmenskultur - Konzepte und Methoden. In: Rühli, Edwin / Keller, Andrea (Hrsg.): *Kulturmanagement in schweizerischen Industrieunternehmungen*. Bern. 11-50

Rühli, Edwin / Keller, Andrea (Hrsg.)
1991 *Kulturmanagement in schweizerischen Industrieunternehmungen*. Bern

Rustemeyer, Ruth
1992 *Praktisch-methodische Schritte der Inhaltsanalyse. Eine Einführung am Beispiel der Analyse von Interviewtexten*. Aschendorff

Schank, Roger C. / Abelson, Robert P.
1977 *Scripts, Plans, Goals and Understanding: An Inquiry into Human Knowledge Structures*. Hillsdale

Schein, Edgar H.
1983 The Role of the Founder in Creating Organizational Culture. *Organizational Dynamics*, 12(1): 13-28
1985 *Organizational Culture and Leadership. A Dynamic View*. San Francisco
1995 *Unternehmenskultur*. Frankfurt

Scheuss, Ralph-Werner
1985 *Strategische Anpassung der Unternehmung: Ein kulturorientierter Beitrag zum Management der Unternehmungsentwicklung*. St. Gallen

Schiemenz, Bernd / Wurl, Hans-Jürgen (Hrsg.)
1994 *Internationales Management*. Wiesbaden

Schmid, Stefan
1996 *Multikulturalität in der internationalen Unternehmung: Konzepte - Reflexionen - Implikationen*. Wiesbaden

Schreyögg, Georg
1988 Kann und darf man Unternehmenskultur ändern? In: Dülfer, Eberhard (Hrsg.): *Organisationskultur. Phänomen - Philosophie - Technologie.* Stuttgart. 201-214
1990 Unternehmenskultur im multinationalen Unternehmen. *Betriebswirtschaftliche Forschung und Praxis,* 42(5): 379-390

Schwartz, Shalom H.
1992 The Universal Content and Structure of Values: Theoretical Advances and Empirical Tests in 20 Countries. *Advances in Experimental Social Psychology*, 25: 1-65
1994 Beyond Individualism / Collectivism. New Cultural Dimensions of Values. In: Kim, Uichol / Triandis, Harry C. / Kâgitçibasi, Çigdem / Choi, Sang-Chin / Yoon, Gene (Hrsg.): *Individualism and Collectivism. Theory, Method, and Applications.* Thousand Oaks. 85-119

Schwartz, Shalom H. / Bilsky, Wolfgang
1987 Toward a Universal Psychological Structure of Human Values. *Journal of Personality and Social Psychology*, 53(3): 550-562
1990 Toward a Theory of the Universal Content and Structure of Values: Extensions and Cross-cultural Replications. *Journal of Personality and Social Psychology*, 58: 878-891

Schweizer, Thomas
1993 Perspektiven der analytischen Ethnologie. In: Schweizer, Thomas / Schweizer, Margarete / Kokot, Waltraud (Hrsg.): *Handbuch der Ethnologie.* Berlin. 79-113

Schweizer, Thomas / Schweizer, Margarete / Kokot, Waltraud (Hrsg.)
1993 *Handbuch der Ethnologie.* Berlin

Segall, Marshall H.
1979 *Cross-Cultural Psychology. Human Behavior in Global Perspective.* Belmont

Smith, Peter B. / Bond, Michael H.
1993 *Social Psychology across Cultures*, New York

Smith, Peter B. / Tayeb, Monir
1988 Organizational Structure and Processes. In: Bond, Michael H. (Hrsg.): *The Cross-Cultural Challenge to Social Psychology.* Newbury Park. 151-164

Sondergaard, Mikael
1994 Research Note: Hofstede's Consequences: A Study of Reviews, Citations and Replications. *Organization Studies,* 15(3): 447-456

Steinkalk, Edward / Taft, Ronald
1979 The Effect of a Planned Intercultural Experience on the Attitudes and Behaviors of the Participants. *International Journal of Intercultural Relations*, 3: 187-197

Stellrecht, Irmtraud
1993 Interpretative Ethnologie. In: Schweizer, Thomas / Schweizer, Margarete / Kokot, Waltraud (Hrsg.): *Handbuch der Ethnologie.* Berlin. 29-78

Stogdill, Ralph M.
1981 *Stogdill's Handbook of Leadership.* New York

Stüdlein, Yvonne
1997 *Management von Kulturunterschieden: Phasenkonzept für internationale strategische Allianzen.* Wiesbaden

Thomas, Alexander
1989 Interkulturelles Handlungstraining in der Managerausbildung. *Wirtschaftswissenschaftliches Studium*, 18(6):281-287
1998 *Handlungswirksamkeit zentraler Kulturstandards in der Interaktion zwischen Deutschen und Chinesen. Theoretische Grundlagen, Methoden und Verlauf.* <http://www.psychologie.uni-regensburg.de/thomas/projekte/china/theorie.html>. Zugriff: 10.08.1999

Thomas, Alexander (Hrsg.)
1991 *Kulturstandards in der internationalen Begegnung.* Saarbrücken

Thomas, Alexander / Hagemann, Katja
1996 Training interkultureller Kompetenz. In: Bergemann, Niels / Sourisseaux, Andreas L.J. (Hrsg.): *Interkulturelles Management.* Heidelberg. 173-200

Thompson, Michael / Ellis, Richard / Wildavsky, Aaron
1990 *Cultural Theory.* San Francisco

Touraine, Alain
1973 *Production de la Societé.* Paris

Triandis, Harry C.
1972 *The Analysis of Subjective Culture.* New York
1981 *Some Dimensions of Intercultural Variation and their Implications for Interpersonal Behavior.* Champaign
1982 Review of Culture's Consequences. *Human Organization,* 41(1): 86-91
1982/83 Dimensions of Cultural Variation. *International Studies of Management and Organization*, 12(4): 139-169
1983 Essentials of Studying Cultures. In: Landis, Dan / Brislin, Richard W. (Hrsg.): *Handbook of Intercultural Training. Vol. 1. Issues in Theory and Design.* New York. 82-117

1984 A Theoretical Framework for the More Efficient Construction of Culture Assimilators. *International Journal of Intercultural Relations*, 8(3): 301-330

Triandis, Harry C. / Albert, Rosita D.
1987 Cross-Cultural Perspectives. In: Jablin, Fredric M. / Putnam, Linda L. / Roberts, Karlene H. / Porter, Lyman W. (Hrsg.): *Handbook of Organizational Communication. An Interdisciplinary Perspective.* Newbury Park. 264-296

Triandis, Harry C. / Brislin, Richard W. (Hrsg.)
1980 *Handbook of Cross-Cultural Psychology. Vol 5. Social Psychology.* Boston

Triandis, Harry C. / Marín, Gerardo
1983 Etic plus Emic versus Pseudoetic. A Test of a Basis Assumption of Contemporary Cross-Cultural Psychology. *Journal of Cross-Cultural Psychology,* 14(4): 489-500

Trompenaars, Fons
1993 *Handbuch globales Managen. Wie man kulturelle Unterschiede im Geschäftsleben versteht.* Düsseldorf

Witkin, Herman A. / Berry, John W.
1975 Psychological Differentiation in Cross-Cultural Perspective. *Journal of Cross-Cultural Psychology*, 6(1): 4-87

Wollnik, Michael
1995 Interpretative Ansätze in der Organisationstheorie. In: Kieser, Alfred (Hrsg.): *Organisationstheorien.* Stuttgart. 277-295

Wright, Susan
1994 'Culture' in Anthropology and Organizational Studies. In: Wright, Susan (Hrsg.): Anthropology of Organizations. London. 1-31

1994 Anthropology of Organizations. London

Zavalloni, Marisa
1980 Values. In: Triandis, Harry C. / Brislin, Richard W. (Hrsg.): *Handbook of Cross-Cultural Psychology. Vol 5. Social Psychology*. Boston. 73-120

ANHANG I: EXKURS: INHALTSANALYSE VON VERÖFFENTLICHUNGEN INTERKULTURELLER INSTITUTE

Schriftliche Informationsmaterialien in Form von Broschüren o.ä. waren nicht oder nur spärlich erhältlich, so dass ich zusätzlich Internet-Homepages hinzuzog, auf denen Informationen zu interkulturellen Trainings bei weitem bereitwilliger veröffentlicht werden.

Dabei bestimmten die Hypothesen und Explorationsfragen die Auswahl des Ausgangsmaterials und die *„Schwerpunkte, unter denen das jeweilige Textmaterial analysiert werden soll“* (Rustemeyer 1992: 69). Das Ausgangsmaterial wurde nach Anleitungen von Mayring (1993: 42-44) bestimmt: Als potentiell analysierbares Material definierte ich

1. sämtliche Homepages von interkulturellen Trainingsinstituten, die im Auslandsknigge der Industrie- und Handelskammer zu Lübeck (55 Einheiten) aufgeführt und in englischer oder deutscher Sprache gehalten sind,
2. die Anzeigen im Auslandsknigge der Industrie- und Handelskammer (107 Einheiten) und
3. schriftliche Veröffentlichungen der interkulturellen Trainingsinstitute.

Abb. 41: Ausgangsmaterial für die Inhaltsanalyse

Die Auswahl daraus erfolgte nach ökonomischen und technischen Gesichtspunkten. Von den Homepages wurden diejenigen Seiten ausgewählt, die am 10. und 11.8.1999 im Internet verfügbar und unter den Anfangsbuchstaben A-I des Auslandsknigges aufgelistet waren. Schriftliches Material wurde verwendet, soweit es mir verfügbar, d.h.

mir von den interkulturellen Instituten auf mein Anfragen zugeschickt worden war. Ergebnis dieser Auswahl waren 14 verwertbare Untersuchungseinheiten.

Die Richtung der Analyse zielte auf die Inhaber der Homepages oder Autoren der Veröffentlichungen, d.h. den interkulturellen Trainingsinstituten.

Die Datenanalyse erfolgte durch

1. Zusammenfassung des Materials auf wesentliche Inhalte zum Erhalt von Kategorien für jede Einheit und einer weiteren Zusammenfassung zu allgemeingültigen Kategorien;
2. Explikation der jeweiligen Kategorien zur Erhöhung des Verständnisses, d.h. einer genauen Definition, was die jeweilige Kategorie beinhaltet;
3. Strukturierung, in der das Material theoriegeleitet zu einer Struktur verdichtet wurde.

Abb. 42: Vorgehensweise der Datenanalyse (nach Mayring 1993: 54)

Das Ergebnis ist tabellarisch in Anhang II dargestellt. Darin sind in der ersten Reihe die Kategorienüberschriften erkennbar (vgl. Punkt a). Diese Überschriften werden im folgenden analog zu Punkt b genauer erklärt:

- ***Trainingsinstitut:*** bezeichnet den Namen des Instituts und enthält ferner in Klammern das Land, in dem es seinen Sitz hat.
- ***Zielgruppe:*** enthält die Personen, an die sich das Angebot des Instituts wendet.
- ***Angebot:*** listet die einzelnen Dienstleistungen der Institute auf und umfasst oft nicht nur interkulturelles Training, sondern auch andere Schulungs- und Beratungsdienste.
- ***Hintergrund:*** nennt die praktischen und wissenschaftlichen Kenntnisse, auf die sich das Institut beruft.
- ***Länderschwerpunkte:*** Hier werden sämtliche Länder und Regionen aufgelistet, die das Institut durch interkulturelle Trainings abdeckt.
- ***Inhalte interkultureller Trainings:*** erläutert kurz die Fähigkeiten und Kenntnisse, die im Rahmen von interkulturellen Trainings vermittelt werden (sollen).
- ***Trainingsart:*** Diese Kategorie beinhaltet jeweils die wichtigsten Methoden der Durchführung von interkulturellen Trainings.
- ***Trainer:*** benennt die jeweilige Ausbildung und Charakteristika der angestellten Trainer (die oft den Inhaber des Unternehmens mit einschließen).

Abb. 43: Kategorien der Inhaltsanalyse und ihre Explikation

Die Kategorienauswahl und -auffüllung wurde nach theoretischen Vorkenntnissen geleitet (vgl. Punkt c), so dass für die Arbeit irrelevante Kategorien (wie z.B. Kundenreferenzen der Institute zum Nachweis ihrer Kompetenz) wegfielen. Wichtig erschienen mir diejenigen Kriterien, welche die Philosophie, Schwerpunkte und Methoden eines interkulturellen Instituts behandeln und ins interkulturelle Training einfließen. So ergeben m.E. die Kategorien und ihre Inhalte einen treffenden Kurzüberblick über die Trainingsangebote, wie sie von Seiten der interkulturellen Institute beschrieben werden. Auf diese Art kann man erkennen, welche Informationen den Instituten wichtig ist und welche Konzepte sie mit interkulturellem Training verbinden. Schon an dieser Stelle kann man anmerken, dass KEA interessanterweise nur von vier der 19 Institute explizit unter ihren Methoden erwähnt werden.

Zugegebenermaßen weist die durchgeführte Analyse einige methodische Mängel auf: So wurde sie sehr gerafft und nur für 14 Trainingsinstitute angewandt. Dies lässt sich rechtfertigen dadurch, dass die Inhaltsanalyse lediglich zur Erlangung von Vorkenntnissen für die Erstellung der Interviewleitfäden dient, also nur eine Vorarbeit für die eigentliche empirische Untersuchung darstellt.

Weiterhin könnte man anmerken, dass die analysierten interkulturellen Trainingsinstitute nicht repräsentativ sind, da

1. die mir vorliegenden Listen interkultureller Trainingsinstitute nicht vollständig sein konnten;
2. vor allem hauptsächlich solche ausgewählt worden sind, die Internet-Homepages besitzen.

Zu Punkt 1: Eine umfassendere Zusammenstellung als den Auslandsknigge gibt es in Deutschland nicht.

Zu Punkt 2: Auf der einen Seite muss angemerkt werden, dass eine Analyse auf Grund von anderweitig veröffentlichtem Material schlicht unmöglich ist, da die meisten Institute solches gar nicht mehr produzieren, sondern selbst auf ihre Homepages verweisen. Auf der anderen Seite stimmt es natürlich, dass besonders kleinere Institute und freiberufliche Trainer über keine Internetseiten verfügen, und in meiner Auswahl unterrepräsentiert sind. Doch ich gehe davon aus, dass die Art des Trainingsangebots nicht mit dem Besitz von Homepages auf irgendeine Weise korreliert, so dass anzunehmen ist, dass die erhaltenen Ergebnisse kaum anders ausgefallen wären, hätte man andere Institute untersucht.

ANHANG II: ERGEBNISSE DER INHALTSANALYSE DER VERÖFFENTLICHUNGEN INTERKULTURELLER INSTITUTE

Institut	Zielgruppe	Angebote	Hintergrund
Asia-Pacific Management Consulting www.asia-pacific.de	Unternehmen	1. Unternehmensberatung, Marktforschung, Personalberatung, Projektentwicklung 2. interkulturelle Seminare („Kulturseminar für Asien“): 3. Marketing / Vertrieb / Produktion 4. Kontaktaufnahme / Kommunikation 5. Verhandlungen / Geschäftsabschlüsse 6. Konflikte / Personal / Motivation / Führung 7. Denkweisen, Wahrnehmung	keine Angaben
capio Management Consultants pweb.uunet/eg.hd	Unternehmen	1. Unternehmensberatung und Management-training 2. interkulturelles Management	Hofstede, Mole, Trompenaars und andere als Basis
Carl Duisburg Centren www.cdc.de	Unternehmen	1. interkulturelles Training zur Vorbereitung auf Auslandstätigkeiten 2. bikulturelle Team-, Kommunikations- und Verhandlungstrainings 3. Internationale Führungskräftetrainings 4. Seminar zur Vertragsgestaltung bei Auslandsentsendungen 5. Coaching 6. Beratung bei der Entwicklung von internationalen Personalentwicklungskonzepten	praxisorientiert
China Coaching Center www.construction.de/cccmey	Management	1. interkulturelles Managementtraining 2. Reiseleitung in China und Taiwan 3. Betreuung chinesischer Delegationen 4. chinesische und deutsche Sprachkurse 5. Erstellung chinesischer Internetpräsentationen 6. Übersetzung / Dolmetschen	keine Angaben

Länder	Inhalte interkultureller Trainings	Trainingsart	Trainer
China, Taiwan, Japan, Süd-korea, Asien	• Abhaken der Problemfelder (siehe unter Angebot) • Erweckung kulturellen Verständnisses • emische Konzepte (Gesicht, guanxi, u.a.) • Handlungstipps (Do's und Dont's)	• kulturspezifisch • kognitiv	keine Angaben
Deutschland, Österreich, Italien, Großbri-tannien, Frank-reich, Schweiz, Spanien, Irland, Tschechische + Slowakische Republik, Russ-land, Polen, Ungarn, China, Taiwan, Japan, Südafrika, USA, Südamerika	2 Teile: • kulturallgemein: Unterschiede anhand von Kulturdimensionen zur Erweckung von kulturellem Verständnis und als Analysein-strument • kulturspezifisch: Landesanalyse anhand von Kulturdimensionen und Ableitung von Verhalten	• v.a. kognitiv, z.T. verhaltensbezogen • $\geq$ 2 Referenten • zugeschnitten auf jeweilige Ziel-gruppe	Fachwissen zum Land und dortiger Auslandsaufenthalt oder Einheimische
weltweit	• Wechselbeziehung Kultur - Kommunikation • Wirtschaftssysteme • Einflüsse auf Mentalität und Denkweise • typische Verhaltensmuster und Kulturunterschiede zu Deutsch-land • Verhandlungen, Geschäftsge-baren • Führung, Motivation • Kulturschock/ Anpassung	• firmenintern und offen • länder- und branchenspezifisch • kulturallgemein und -spezifisch • kognitiv und affek-tiv • 1-2tägige Seminare • Trainings und Sprachkurse	keine Angaben
China, Taiwan, z.T. Japan	• Unterschiede zwischen deutscher und chinesischer Kultur • Verhandlungen • Gesicht • Führung • Konflikte • Kommunikation	• kulturspezifisch • interaktiv: Critical Incidents, Rollen-spiele • deutsche und ausländische Trainer • 2-4 Tage	Inhaberin: Sinolo-gin

Institut	Zielgruppe	Angebote	Hintergrund
CLIC Cross-culture, Linking & Consulting www.clic-international.com	Management kleiner/ mittlerer Unterneh-men/ Organisa-tionen	1. interkulturelle Prozessberatung für Geschäftsideen 2. interkulturelles Training für Auslandsentsendungen oder im Ausland 3. Anbahnung von Geschäftskontakten 4. Organisationsberatung	Erfahrung in Berufsbildung und Kommunikationstraining
CONSULTus Expatriate Briefings & Intercultural Seminars www.consultus.net	Management und Mitausreisende	1. Vorbereitungsseminare für Ausreisende, multikulturelle Belegschaft etc. 2. in-country Seminare und Hilfe für Expatriates 3. interkulturelle Sensibilisierung ('Culture Generics') 4. Partnerprogramme mit Familientherapeuten 5. Kinderprogramme 6. Repatriation	keine Angaben
Con*U.S. www.intermesse.com/firmen/CON*U.S.Steven	Management kleiner/ mittlerer Unterneh-men, Private, Behörden, Wissen-schaftler	1. Geschäftskontakte 2. Geschäftskommunikation (Korrespondenz u.ä.) 3. Messeorganisation 4. Seminare zu 'American Business Culture'	aus der Praxis
Culture Contact www.geocities.com/ Eureka/Enterprises/ 1597/Culture-Contact.html	Management und Mitaus-Reisende	1. interkulturelle Vorbereitungs- und Trainingsseminare für In- und Ausländer 2. bikulturelle Teambuildings 3. multikulturelle Workshops 4. Brettspiele zur Unternehmenssimulation 5. Delegationsbetreuung aus dem Ausland 6. Reentry-Workshops zur Erfahrungsübermittlung 7. Reintegrations-Coaching 8. Strategie- und Strukturberatung zur Ausrichtung auf ein international denkendes und handelndes Unternehmen 9. Coaching im Ausland durch 'Interkulturelles Logbuch'	langjährige interkulturelle Erfahrung praxisorientierte Zusammenarbeit mit Unternehmen jährliche Nacherhebung / Aktualisierung der Trainings

Länder	Inhalte interkultureller Trainings	Trainingsart	Trainer
Brasilien, z.T. Trinidad / Tobago, Jamaika, Südafrika, Deutschland	• kulturelle Selbstbewusstheit • Kultur und Landeskunde von Brasilien • Kulturvergleich	• kulturspezifisch • kognitiv und verhaltensbezogen • 1-3 Tage • Coaching	keine Angaben
Deutschland, USA, Indien, Belgien, Niederlande, Frankreich, Uruguay	• Culture Generics: • Wertekonzepte • kulturelle Selbstbewusstheit • Motivation • interkulturelle Kommunikationskompetenz • Kulturschock • u.a. Kulturdimensionen für die Kognition	• kulturallgemein und -spezifisch • kognitiv, affektiv und verhaltensbezogen • interaktiv • Coaching und Gruppentraining	professionelle Kompetenz, persönliche Auslandserfahrung
USA	• Attitüden / Erwartungen der amerikanischen Geschäftswelt • Angebote / Chancen des amerikanischen Markts • Kontaktaufnahme / -pflege • kulturelle Hürden • Landeskunde • Konversation	• zugeschnitten auf Kunden	Geschäftsinhaber: amerikanischer Lehrer mit Geschäftserfahrung in USA
Großbritannien, Frankreich, Israel, China, Japan, Südostasien, Indien, Russland, USA, Spanien, Lateinamerika	kulturallgemein: • Vermittlung der wichtigsten Kulturmuster (mit weltweiten Beispielen) • Entwicklung von Analysewerkzeugen in Form von Kulturkategorien, die verborgene Kulturmuster aufzeigen kulturspezifisch: • Konflikt, Kommunikation, etc. • emische Items • Do's and Dont's	• firmenintern und offen • kulturspezifisch und -allgemein • kognitiv, affektiv (3 Tage) und verhaltensbezogen (1 Tag) • ausländischer Co-Trainer • aufgabenspezifischer Zuschnitt	Gründerin: Kulturwissenschaft / Philosophie / Psychologie

Institut	Zielgruppe	Angebote	Hintergrund
Dialog www.advanced-travel.de/dialog.htm	Management, Mitarbeiter mit Auslands-kontakt	1. interkulturelles Training für Asien 2. Kurzvorbereitung, Schnupperkurse 3. Training für langjährige Auslandsaufenthalte 4. Unternehmensberatung bei Verhandlungsstörungen, Personalauswahl, Markterschließung 5. Kontaktvermittlung zwischen deutschen und asiatischen Firmen 6. Reputationsprüfung potentieller asiatischer Geschäftspartner	vgl. Trainer
EAST Europa Asien Service Trier www.east.uni-trier.de	Fach-/ Führungskräfte	1. dreimonatige Fernseminare mit Präsenzphasen: 'Wirtschaftspartner China / Japan' 2. ein- bis zweitägige Seminare: 3. chinesische / japanische Wirtschafts-mentalität 4. Verhandeln mit Chinesen / Japanern 5. Einführung in die chinesische / japanische Sprache	Wissenschaft / Forschung: Sinologie, Japanologie
Export-Akademie Baden-Württemberg SEFEX Seminare für die exportierende Wirtschaft EASer.FH-Reutlingen.DE/sefex	Management, Selbständige mit Auslands-kontakt	1. Fernstudienpaket 'Interkulturelles Management und Verhandlungsführung' 2. Seminare zu interkulturellem Verhaltenstraining, Verhandlungsführung	Institut der FH Reutlingen
Institut für Interkulturelle Didaktik www.gwdg.de/~kflechs	alle Personen mit interkulturellem Kontakt	1. Studiengang 'Interkulturelle Didaktik' 2. Interkulturelles Grundtraining 3. Verhandeln in interkulturellen Kontexten 4. 5-Kulturen-Spiel und Trainerausbildung	Institut der Georg-August-Universität Göttingen

Länder	Inhalte interkultureller Trainings	Trainingsart	Trainer
Indien, China, Thailand, Malaysia, Singapur, Indonesien, Japan, Südkorea	• Mentalität • Verhaltensempfehlung, Etikette • Verhandlungsregeln • Pflege von Geschäftskontakten • Gesprächsführung • Konflikte in Geschäftsbeziehungen, Personalpolitik • Landeskunde, Wirtschaftsdaten • Unternehmensstrukturen	• firmenintern und offen • länder- und regionenspezifisch • kognitiv • ausgerichtet auf Markt, weniger auf Mitarbeiter • 1 Tag	Geschäftsführerin mit Lehr- und Forschungstätigkeit Mitarbeiter: Praxisleute mit Asienerfahrung
China, Japan	• Landeskunde (Wirtschaft, Politik, Recht) • Mentalität, Kultur • Sprache	• kognitiv • schriftliche Unterlagen und Vorträge • Dauer siehe Angebote	Autoren aus Wissenschaft (siehe Hintergrund) Referenten aus Praxis mit Asienerfahrung
Frankreich, Italien, Spanien, Japan, China, GUS, USA, arabische Staaten	Fernstudium: • Kommunikation, Verhandeln • Erfahrungsberichte aus verschiedenen. Ländern interkulturelles Verhaltenstraining: • Zeit, Raum, Individualismus, Unsicherheitsvermeidung, Machtdistanz, • Wertorientierungen • interkulturelle Wahrnehmung • Kommunikations- / Verhaltensänderung	• offen • kulturallgemein mit spezifischen Beispielen • kognitiv • Trainings: 1 Tag	Verhaltenstraining: Professorin für interkulturelle Kommunikation
kulturallgemein	interkulturelles Grundtraining: • Kulturkontrasterfahrung • kulturelle Selbst- und Fremderfahrung • interkulturelle Interaktionserfahrung • Erkennen kultureller Skripte • Hinweise auf länderspezifische Informationen	• firmenintern und offen • Critical Incidents, Rollenspiele, Simulationen, etc. • 1-3 Tage	Wissenschaftler nur Deutsche

Institut	Zielgruppe	Angebote	Hintergrund
Institut für Interkulturelles Management IFIM www.ifim.de	Management und Mitausreisende	1. Trainings: • interkulturelle Auslandsvorbereitung • interkulturelles Projektmanagement • interkulturelles Verhandlungstraining • Deutschlandvorbereitung • Kooperation vor Ort 2. Beratung: • internationale Projekten • Board-Members / Delegationen • internationale Personalentwicklung • mobilitätsfördernde Maßnahmen • Reintegration	Praxisforschung empirisch fundiertes Angebot Evaluationssystem
Internationaler Trainingspunkt www.trainingspunkt.com	Management	1. politische, wirtschaftliche, kulturelle Vorbereitung 2. regionen- / länderspezifische Seminare 3. Informations- / Akquisitionsreisen 4. interkulturelle Sensibilisierung 5. multikulturelles Teamtraining 6. Reintegration von Expatriates 7. Unterstützung bei Messen 8. Marktanalysen 9. Consulting: Vertriebsorganisation / Marktberatung	keine Angaben

Länder	Inhalte interkultureller Trainings	Trainingsart	Trainer
weltweit	Contrast Culture Trainings zu: • Arbeits- / Organisationsformen • Planungs- / Führungskonzepte • Verhaltens- / Kommunikations-muster	• kulturspezifisch • kognitiv und verhaltensbezogen • oft 2 Trainer (Deutscher und ausländischer Co-Trainer)	12 Nationalitäten Ingenieure, Betriebswirte, Kommunikationswissenschaftler, Mathematiker, Journalisten, Juristen, Pädagogen, Soziologen, Psychologen praxiserfahren Vertreter aus Forschung
keine Angaben	länder- / regionenspezifische Seminare: z.B. • Kontakte knüpfen / langfristige Beziehungen in Mittel- / Osteuropa • Business Opportunities USA • Gesprächsführung / Verhandeln + Arbeiten mit Chinesen • Verhandeln / langfristige Geschäfte mit Lateinamerika	• firmenintern und offen • regionen- und länder-spezifisch • individuelle Trainings und Beratungen	Erfahrungen aus den verschiedensten Branchen und Kulturkreisen

Anhang III: Leitfäden der Interviews

1. Fragen an die Experten: Einleitender Teil

allgemeine Informationen zur Person und zum Institut:

1. Position im Unternehmen
2. Wie lange führt Ihr Institut schon interkulturelles Training durch?
3. Wie lange führen Sie persönlich schon interkulturelles Training durch?
4. Worin besteht Ihre Ausbildung als interkultureller Trainer? Verfügen Sie auch über praktische Erfahrung in Unternehmen?
5. Aus welchen Bereichen der Praxis oder Wissenschaft stammen Ihre Kollegen?

Bedeutung von interkulturellen Trainings:

6. Welche Ziele verfolgen Sie primär mit der Durchführung von interkulturellem Training?
7. Wie bewerten Sie die momentane Situation und die Zukunft von interkulturellen Trainings?
8. Wie steht es mit der Nachfrage?

Genauere Angaben zu Art und Weise der Trainings:

9. An wen sind diese Trainings gerichtet?
10. Welche Art Training führen Sie durch?

a)	□ kulturallgemein	□ kulturspezifisch	
b)	□ verhaltensorientiert	□ affektiv orientiert	□ kognitiv orientiert
c)	□ didaktisch	□ experientiell	
d)	□ firmenintern	□ offen	

11. Benutzen Sie spezielle Techniken, wie z.B. Culture Assimilator oder Contrast Culture?
12. Welche Instrumente verwenden Sie?

□ Druckmaterialien	□ Rollenspiele	□ Simulationen
□ Vorträge	□ Fallbeispiele	□ Video
□ Filme	□ Planspiele	□ Sonstige:....

13. Gibt es dabei grundsätzlich einen zweiten Trainer aus der jeweiligen Zielkultur?
14. Wie lange dauert ein interkulturelles Training?
15. Können Sie mir in groben Zügen den Ablauf eines kulturspezifischen oder auch -allgemeinen Trainings in Ihrem Hause schildern und welche Philosophie dahinter steht?

2.1 Fortsetzung: Fragen an die Experten I

(tritt in Kraft, wenn keinerlei KEA erwähnt worden sind)

Konkretisierende Fragen zum Ablauf des interkulturellen Trainings:

16. Wie vermitteln Sie Werte einer anderen Kultur? Oder konzentrieren Sie sich eher auf Verhalten?
17. Benutzen Sie hierfür Vergleiche mit der deutschen / mehreren anderen Kulturen?
18. Benutzen Sie Skalen oder Kategorien, um die Unterschiede von Kulturen deutlich zu machen? Wenn ja, was wird auf den Skalen abgetragen, bzw. wie heißen die Kategorien?
19. Was halten Sie von der Einteilung in Kategorien oder Messung anhand von Skalen?
20. In welchem Zusammenhang stehen Ihrer Meinung nach Werte und Normen einer Kultur mit dem jeweiligen Verhalten? Wie vermitteln Sie das?
21. Wie folgern Sie daraus Handlungsanweisungen / Verhaltensregeln für Ihre Trainingsteilnehmer?

Wenn KEA bekannt sind:

22a. Welche der folgenden Ansätze / Autoren sind Ihnen bekannt? Was halten Sie von ihnen?

a) KEA auf Ebene der Nationalkultur:

□ Allport, Vernon, Lindzey (1951): Werte
- theoretischer Mensch
- ökonomischer Mensch
- sozialer Mensch
- politischer Mensch
- ästhetischer Mensch
- religiöser Mensch

□ Parsons / Shils (1951): Werte
- Universalismus - Partikularismus
- Individualismus - Kollektivismus
- instrumentale - expressive Orientierung
- Zuschreibungs- / Leistungsorientierung
- Neutralität - Emotionalität
- Spezifität - Diffusität

□ Morris (1956): Werte
- receptivity and sympathetic concern
- enjoyment and progress in action
- social restraint and self-control
- withdrawal and self-sufficiency
- self-indulgence

□ Banfield (1958):
- familism

□ Benedict (1946, 1959): Werte / Verhalten
- appollonisch - dionysisch
- Scham- / Schandkulturen

□ Hall, Edward (60-70er)
- monochrone - polychrone Zeitkonzepte
- indirekte - direkte Kommunikation
- hoher - niedriger Kontext

□ Kluckhohn / Strodtbeck (1961): Basisannahmen
- human nature
- man's relationships to nature
- time orientation
- activity orientation
- man's relationship to other human beings

□ Foster (1965):
- limited good

□ Haire, Ghiselli, Porter (1966): Managementuntersuchung
- Führungsstil
- Selbstverständnis
- Arbeitszufriedenheit

□ Motivation (70er):
- McClelland
- Paarek
- Kornadt / Eckensberger / Emminghaus
- Maehr
- Heckhausen
- Horner

□ Rokeach (1972, 1973):
- instrumentale - terminale Werte

□ Triandis (1972):
- ingroup / outgroup

□ Lomax, Berkowitz (1972), Murdock, Provost (1973)
- kulturelle Komplexität

□ Inkeles, Smith (1974):
- Modernität

□ Osgood, May, Miron (1975):
- self-concept

□ Witkin, Berry (1975):
- psychological differentiation

□ Mead (1976):
- cooperation - competition

□ Inglehart (1977): Werte
- Materialismus - Postmaterialismus

□ Hofstede (1980 / 1991): Werte
- Unsicherheitsvermeidung
- Individualismus - Kollektivismus
- Machtdistanz
- Maskulinität - Femininität
- konfuzianischer Arbeitsdynamismus

□ Glenn (1981):
- universalism - particularism
- associative - abstractive

□ Laurent (1983): Managementideologien
- Organisationen als politische Systeme
- Organisationen als Autoritätssysteme

- Organisationen als Rollen-Formalisierungssystem (role-formalization systems)
- Organisationen als System hierarchischer Beziehungen

□ Schwartz (1987): Wertebereiche
- Selbstbestimmung
- Universalismus
- Wohlwollen
- Stimulation
- Tradition
- Konformität
- Sicherheit
- Hedonismus
- Macht
- Leistung

□ Thomas (1989):
- Kulturstandards

□ Triandis (1989, 1990): Selbstkonzept
- private, collective, public segments

□ Fiske (1991): Beziehungsmodelle / Verhalten
- Communal Sharing
- Market Pricing
- Authority Ranking
- Equality Matching

□ Trompenaars (1993): Werte
- Neutralität - Emotionalität
- Spezifität- Diffusität
- Individualismus - Kollektivismus
- Universalismus - Partikularismus
- Zuschreibung - Leistungsorientierung
- allgemeines Verhältnis zur natürlichen Umwelt
- allgemeines Zeitverständnis

□ Sonstige:....

b) auf Ebene der Organisationen

□ Pümpin, Kobi, Wüthrich (1985):
- Kundenorientierung
- Mitarbeiterorientierung
- Kostenorientierung
- Kommunikationsorientierung
- Unternehmensorientierung
- Technologieorientierung
- Resultats- / Leistungsorientierung
- Innovationsorientierung

□ Hofstede (1989):
- prozess- / ergebnisorientiert
- mitarbeiter- / arbeitsorientiert
- parochial - professionell
- offene / geschlossene Systeme
- leichte / starke Kontrolle
- normativ - pragmatisch

□ Rühlis (1990):
- Kulturprofilerstellung von Unternehmen

□ Trompenaars (1993):
- Dezentralismus - Zentralismus
- personen- / aufgabenorientiert

□ Hall, Wendy (1995):
- assertiveness
- responsiveness

□ Sonstige:...

Bei Erwähnung von etwas, das auf (versteckte) KEA hinweist:

22b. Was assoziieren Sie mit den folgenden Begriffen und auf welche gehen Sie in Ihrem Training ein?

□ Individualismus - Machtdistanz - Unsicherheitsvermeidung - Maskulinität *(Hofstede)*

□ die Beziehung des Menschen zur Natur - menschliche Natur - Beziehung zu anderen Menschen - Zeitorientierung - Aktivitätsorientierung *(Kluckhohn / Strodtbeck, Trompenaars)*

□ Diffusität - Partikularismus - Zuschreibungsorientierung - Emotionalität -Individualismus *(Parsons / Shils, Trompenaars)*

□ Kulturstandards *(Thomas)*

□ Kooperation - Wettkampf *(Mead)*

□ appollonisch - dionysisch *(Benedict u.a.)*

□ direkte / indirekte Kommunikation *(Hall)*

□ hoher - niedriger Kontext *(Hall)*

□ monochron - polychron *(Hall)*

□ assoziativ - abstraktiv *(Glenn)*

Wenn Begriffe aus 22b. bekannt:

23. Welche zentralen Schlagwörter habe ich jetzt nicht genannt?
24. Was halten Sie von den obigen Konzepten?

Fragen zu Kulturspezifika / emischen Ansätzen:

25. Inwieweit gehen sie auf kulturspezifische Merkmale ein, wie z.B. „Gesicht wahren" in China? Welche verwenden Sie (Beispiele)?
26. Was hielten Sie von Kulturbeschreibungen, die aus der Innensicht der jeweiligen Kultur berichten? Würden Sie diese in Ihr Training integrieren?

27. Inwieweit gehen Sie neben management- oder arbeitsspezifischen Themen auf allgemeine Kulturmerkmale, z.B. im privaten / gesellschaftlichen Bereich ein?

Kulturspezifische Organisationsstrukturen:

28. Gehen Sie auch auf kulturspezifische Unternehmens- / Organisationsstrukturen ein?
29. *Bei „ja“:* Erläuterung!

Bei Hinweis auf KEA - soweit KEA zu Organisationskulturen unter 22a nicht schon explizit abgefragt worden sind:

30. Was assoziieren Sie mit den folgenden Begriffen und auf welche gehen Sie in Ihrem Training ein?
    - □ prozessorientiert - parochial - offene / geschlossene Systeme - normativ / pragmatisch - mitarbeiterorientiert - leichte / starke Kontrolle *(Hofstede)*
    - □ Personenorientierung - Dezentralismus *(Trompenaars)*
    - □ Kundenorientierung - Resultatsorientierung - Kostenorientierung - Unternehmensorientierung - Mitarbeiterorientierung - Innovationsorientierung - Kommunikationsorientierung - Technologieorientierung *(Pümpin / Kobi / Wüthrich)*
    - □ Kulturprofil *(Rühlis; Scholz)*
31. Welche zentralen Schlagwörter habe ich jetzt nicht genannt?

Beitrag der Wissenschaft:

32. Bauen Sie auf eigene praktische Erfahrung oder ziehen Sie auch wissenschaftliche Literatur heran, um Ihre Trainings zu konzipieren?
33. Wo sehen Sie einen Beitrag der Wissenschaft?
34. Welche Anforderungen würden Sie zukünftig an die Wissenschaft stellen?

2.2 Fortsetzung: Fragen an die Experten II

(tritt bei klarer Erwähnung von etischen KEA in Kraft)

explizite Fragen zu KEA:

16. Ist das richtig, dass Sie bei Ihrem interkulturellen Training KEA verwenden? *(KEA sind Modelle dazu, wie man eine fremde Kultur beschreiben und eventuell messen kann.)*
17. Wenn ja, welche?
18. Sind dies Ansätze zu Landeskulturen oder zu Organisationskulturen?
19. *Bei Nennung von beidem:* Wie verbinden Sie Landes- und Organisationskultur?
20. Welche KEA sind Ihnen sonst noch bekannt und was halten Sie von Ihnen?
    (Auflistung der KEA wie unter Frage 22a., 2.1 Fortsetzung: Fragen an die Experten I)

Vor- und Nachteile von KEA:

21. Warum verwenden Sie ausgerechnet den von Ihnen gewählten Ansatz, wo liegen die Schwächen der anderen?
22. Was sind Ihre Ansprüche an den optimalen KEA?
23. Wo sehen Sie Verbesserungsbedarf an dem von Ihnen verwendeten KEA?
24. Inwiefern haben Sie den von Ihnen verwendeten KEA auf Ihre Bedürfnisse abgeändert bzw. wie wurde er operationalisiert?
25. Haben Sie diesen KEA schon immer verwendet? Wenn nein, welchen benutzten Sie vorher, und warum wechselten Sie?

emische Ansätze:

26. Haben Sie auch schon von interpretativen KEA gehört? *(Modelle für die Beschreibung einer Kultur ganzheitlich aus deren Innensicht)*
27. *Wenn ja:* Von welchen?

a) auf Ebene der Nationalkultur
□ Hall (1959): map of culture
□ Dülfer (1992): Schichtenmodell
□ Ronen (1986): Erfassung der Gesamtkultur
□ Sonstige:...

b) auf Ebene der Organisation:
□ Johnson (1993): Cultural Web
□ Cray (1998): kognitive Theorie
□ Sonstige:...

28. Inwiefern sehen Sie die emische Ansätze als zukünftig relevant an? Wo sehen Sie Schwächen?
29. Inwieweit gehen sie auf kulturspezifische Merkmale ein, wie z.B. „Gesicht wahren" in China? Welche verwenden Sie (Beispiele)?
30. Inwieweit gehen Sie neben management- oder arbeitsspezifischen Themen auf allgemeine Kulturmerkmale, z.B. im privaten / gesellschaftlichen Bereich ein?

Integration der KEA in Trainings:

31. Bei welchem Inhalt, bei welcher Art und bei welcher Technik von interkulturellen Trainings kommt Ihr KEA zum Tragen?
32. In welchem Rahmen erfolgt die Vermittlung von KEA (z.B. geben Sie die Ansätze unmittelbar an die Trainingsteilnehmer weiter oder sind sie lediglich indirekt in der Information enthalten)? Bitte begründen Sie Ihr Vorgehen.
33. Wie werden KEA, wenn sie explizit dargestellt werden, von ihren Trainingsteilnehmern aufgenommen?
34. Wie verbinden Sie Werte und Normen einer Kultur mit dem Verhalten der Angehörigen der Kultur?
35. Wie folgern Sie daraus Handlungsanweisungen / Verhaltensregeln für Ihre Trainingsteilnehmer?

Beitrag der Wissenschaft:

36. Bauen Sie auf eigene praktische Erfahrung oder ziehen Sie auch wissenschaftliche Literatur heran, um Ihre Trainings zu konzipieren?
37. Wo sehen Sie einen Beitrag der Wissenschaft?
38. Welche Anforderungen würden Sie zukünftig an die Wissenschaft stellen?

2.3 Fortsetzung: Fragen an die Experten III

(tritt in Kraft bei klarer Nennung von emischen Ansätzen)

explizite Fragen zu KEA:

16. Ist das richtig, dass Sie bei Ihrem interkulturellen Training emische KEA verwenden? *(Emische KEA sind Modelle dazu, wie man eine fremde Kultur aus der Innensicht und holistisch beschreiben kann.)*
17. Wenn ja, welche?
18. Sind dies Ansätze zu Landeskulturen oder zu Organisationskulturen?
19. *Bei Nennung von beidem:* Wie verbinden Sie Landes- und Organisationskultur?
20. Welche emischen KEA sind Ihnen sonst noch bekannt? Was halten Sie von ihnen?

    a) auf Ebene der Nationalkultur

    □ Hall (1959): map of culture
    □ Dülfer (1982): Schichtenmodell
    □ Ronen (1986): Erfassung der Gesamtkultur
    □ Sonstige:...

    b) auf Ebene der Organisation:

    □ Johnson (1993): Cultural Web
    □ Cray (1998): kognitive Theorie
    □ Sonstige:...

Vor- und Nachteile von KEA:

21. Warum verwenden Sie ausgerechnet den von Ihnen gewählten Ansatz, wo liegen die Schwächen der anderen?
22. Was sind Ihre Ansprüche an den optimalen KEA?
23. Wo sehen Sie Verbesserungsbedarf an dem von Ihnen verwendeten KEA?
24. Inwiefern haben Sie den von Ihnen verwendeten KEA auf Ihre Bedürfnisse abgeändert bzw. wie wurde er operationalisiert?
25. Haben Sie diesen KEA schon immer verwendet? Wenn nein, welchen benutzten Sie vorher, und warum wechselten Sie?
26. Inwiefern sehen Sie die interpretativen Ansätze als zukünftig relevant an? Wo sehen Sie Schwächen?

Urteile über traditionelle KEA:

27. Was halten Sie von Dimensionen und Kategorien, um eine Kultur zu beschreiben?

Bei Kenntnis traditioneller KEA:

26. Welche der traditionellen KEA sind Ihnen bekannt und wie beurteilen sie diese?
    (Auflistung der KEA wie unter Frage 22a., 2.1 Fortsetzung: Fragen an die Experten I)

Integration der KEA in Trainings:

27. Bei welchem Inhalt, bei welcher Art und bei welcher Technik von interkulturellen Trainings kommt Ihr KEA zum Tragen?
28. In welchem Rahmen erfolgt die Vermittlung von KEA (z.B. geben Sie die Ansätze unmittelbar an die Trainingsteilnehmer weiter oder sind sie lediglich indirekt in der Information enthalten)? Bitte begründen Sie Ihr Vorgehen.
29. Wie werden KEA, wenn sie explizit dargestellt werden, von ihren Trainingsteilnehmern aufgenommen?
30. Wie verbinden Sie Werte und Normen einer Kultur mit dem Verhalten der Angehörigen der Kultur?
31. Wie folgern Sie daraus Handlungsanweisungen / Verhaltensregeln für Ihre Trainingsteilnehmer?

Beitrag der Wissenschaft:

32. Bauen Sie auf eigene praktische Erfahrung oder ziehen Sie auch wissenschaftliche Literatur heran, um Ihre Trainings zu konzipieren?
33. Wo sehen Sie einen Beitrag der Wissenschaft?
34. Welche Anforderungen würden Sie zukünftig an die Wissenschaft stellen?